みんなの
ゴロゴ

古文読解

スタディカンパニー

『ゴロゴ古文読解』４大特長

特長１　重要単語＆文法を学習しながら古文読解力を鍛える！

この『ゴロゴ古文読解』は、入試古文で頻出する**重要単語・文法をひとつひとつ学びながら、古文の読解力をしっかりと伸ばす**ことを目的にした本です。『古文単語ゴロゴ』と並行して使えば、古文の得点力アップは確実です。これまでの生徒の**偏差値アップの最高記録は28⬇80**です。ぜひみんなも記録にチャレンジしてみてください。

特長２　入門レベルから共通テスト対策までバッチリ！

この本の構成として最も力を入れたのが、「**読んでいくにつれ自然に古文に慣れ親しみ、最後には入試に対応できる力をつける**」というものです。単語も文法も、最重要・最頻出なものから次第に難易度が上がっていくよう工夫を凝らしています。また、**選んだ古文出典は入試最頻出のものばかり**なので、全30講義を読み切れば入試古文の基本的な文章を一通り読んだことになります。

難易度が高い大学入学共通テストの古文対策としても「**習うより慣れろ**」式の学習をすることが有効です。古文を読むことが楽しくなるくらい、慣れ親しんでください。

特長3 「音読➡口語訳➡単語➡講義➡文法」で立体的に古文を理解

各講に共通した流れがあります。まず最初は「**古文&口語訳**」ページから始まります。ここでは上段の古文を音読してください。同時に下段の口語訳を見ておおよその内容を頭に入れましょう。次の「**古文単語チェック**」にて重要単語がゴロで確認できます。さらに「**ゴロゴプレミアム講義**」を読んで、文学史や出典知識の理解を深めます。そして「**古文文法・虎の巻**」と「**品詞分解チェック**」にて文法事項を完全にマスターしてください。そこまで済んだら最後にもう一度「古文&口語訳」ページに戻り、再び古文を音読します。読むと同時に口語訳が頭に浮かぶようになれば1講完成です。これを30講続けることによって、入試本番にも対応できる強固な古文読解力が鍛えられます。

特長4 参考書がスマホでも読める！ 電子ブック付き

この『ゴロゴ古文読解』にはデジタルコンテンツが付属しています。スマホでアクセスすれば、電子ブックで本書がチェックできるうえに、学習に役立つコンテンツも提供していく予定です。ぜひそれらを有効活用して、日々の学習のクオリティを高めていきましょう。使用法などの詳細は、巻末の袋とじページをご覧ください。

『ゴロゴ古文読解』使用方法

古文の力をつけるための最大のポイントは**「始めたからにはやりつづける！」**ということです。この本を手にとって勉強しようと思った、その最初の気持ちを忘れず、最後までやり通してください。また、一度だけ読み通して終わりにするのではなく、何度も繰り返して読み、完全にマスターするまでこの本を使い込んでください。以下、本書の具体的な使用方法を説明します。

❶ 各講において、まず最初は**古文の音読**からスタートします。本文では重要古文単語が太字になっており、口語訳と対応させて確認できるようになっています。下の段の口語訳の部分にチェックシートをかぶせて赤字の口語訳を消し、自分で口語訳できるようになるまで何度も繰り返し勉強してください。特に**薄いアミの張ってある単語は最重要単語**なので、ゴロでの確認を欠かさずやりましょう。

❷ **「ゴロゴプレミアム講義」**は「文学史」を中心に本文の内容を講義したものです。また「古文文法・虎の巻」の補足説明もしています。気軽に楽しく読んでもらっていいのですが、入試のツボをついた講義内容になっているので、実は要チェックです。

❸ **「古文文法・虎の巻」**は「入試でる順」で文法をわかりやすく解説したものです。本文と対応させながら何度も確認し、例文ともども暗記するよう心掛けてください。この「古文文法・虎の巻」

のマスターが古文読解の基礎力となるので、ここが頑張りどころです。大学入学共通テスト古文の文法対策としても十分な内容なので、しっかりマスターしましょう。演習用教材としては『ゴロゴ古文文法』があるので、そちらで問題演習をこなして得点力アップにつなげてもらえると幸いです。

❹「品詞分解チェック」は最後の確認になります。問題形式になっているので、下の解答を見ずに正しい文法説明を言えるようにしましょう。重要な文法事項は繰り返し出てくるので、確実にマスターしてください。

略号

○＝助動詞
□＝助動詞以外の単語
↓＝係助詞
↑＝結びの語
㊍＝未然形
㊊＝連用形
㊋＝終止形
㊌＝連体形
㊎＝已然形

㊏＝命令形
尊＝尊敬語
謙＝謙譲語
丁＝丁寧語
動＝動詞
補動＝補助動詞
名＝名詞
副＝副詞

形＝形容詞
（ク＝ク活用／シク＝シク活用）
形動＝形容動詞
（ナリ＝ナリ活用）
格助＝格助詞
接助＝接続助詞
副助＝副助詞
係助＝係助詞
終助＝終助詞

目次

古文文法・虎の巻　一覧

第一部

古文読解入門編

第一部では、核となる最頻出単語１００語と、基礎的な文法事項をマスターすることが目標です。

学習は古文本文を音読して、対応する口語訳を目で追うことからスタートします。

有名出典10作品を取り上げているので、内容をじっくりと堪能しながら、古文の世界に慣れていきましょう！

第一部

1 徒然草《つれづれぐさ》

作者 兼好法師《けんこうほうし》

随筆 鎌倉時代末

家居《いへゐ》のつきづきしく、あらまほしきこそ、仮の宿りとは思へど、興あるものなれ。

よき人の、のどやかに住みなしたる所は、さし入りたる月の色も、ひときはしみじみと見ゆるぞかし。いまめかしくきららかならねど、木立ものふりて、わざとならぬ庭の草も心あるさまに、簀《すの》子《こ》・透垣《すいがい》のたよりをかしく、うちある調度《ちゃうど》も昔おぼえて安らかなるこそ、心にくしと見ゆれ。

多くの工《たくみ》の心を尽くしみがきたて、唐《から》の、大和の、珍しく、えならぬ調度《ちゃうど》ども並べ置き、前栽《せんざい》の草木まで心のままならず作りなせるは、見る目も苦しく、いとわびし。さてもやは、長らへ住むべき。

住居が、住む人と調和がとれていて、理想的であることは、どうせ短い一生を託す仮の宿だとは思うけれども、興味のあるものである。

身分が高く教養もある人が、ゆったりとものの静かに住んでいる所は、差し込む月の光も、一段と心にしみるように感じられるものであるよ。現代風でもなく、きらびやかでもないが、木々が古びた趣があって、特に手入れをしたとも見えない庭の草も趣がある様子で、竹で編んで張った縁側や間を透かして作った垣根の配置も趣深く、ちょっと置いてある道具類も、古風な感じがして、落ち着きがあるのは、奥ゆかしいことだと思われる。

これに反して多くの大工たちが一生懸命に立派に造り立て、中国のものや我が国のもので、珍しく、何とも言いようもなく立派な道具類を並べ置いて、庭先の植え込みの草木までも、自

また、時の間の煙ともなりなんとぞ、うち見るより**思はるる**。おほかたは、家居《いへゐ》にこそ、ことざまは**おしはからるれ**。

然のままでなく手を加えてあるのは、見ただけで不快で、ひどく**つらい気がする**。そのように凝ったところで、いつまでも長生きして住んでいることが**できようか、できはしまい**。また、火事にでもあえば一瞬の間の煙となって焼けてしまうに決まっていると、一目見ただけでも**自然と感じられる**。だいたいは住まいによって、主人の人柄や心情などは**自然と推測されるのである**。

◆重要単語チェック

※ ＝文中での意味

つきづきし

●月々死ぬ目にあっている

① 似合っている。ふさわしい。
② 調和している。

あらまほし

●あらまー星一徹、理想的、そうありたいわ

① 理想的だ。② ありたい。

いまめかし

●今おめかしするのが現代風

① 現代風だ。② 軽薄だ。

こころあり

●所のアリは思いやりがあって風流心がある。ものわかったやつだ

① 情けがある。② 趣がある。
③ 分別がある。

をかし

●ヲー、樫の木だ。趣がある

① 趣がある。② おかしい。
③ かわいい。④ 興味深い。

こころにくし

●所の憎しみ、なぜか奥ゆかしい

① 奥ゆかしい。② 恐るべきだ
③ 不審だ。

えならず

●えー奈良漬、なんとも言えないほどよい

① なんとも言えないほどよい。

わびし

●ワサビしみるー、貧乏はつらくてもの悲しい

① つらい。② さびしい。もの悲しい。
③ みすぼらしい。貧しい。

透垣（すいがい）

板または竹を少し隙間を開けて組んだ垣。

前栽（せんざい）

屋内から観賞するために、庭前に植えた草木。

01 ゴロゴプレミアム講義

『**徒然草**《つれづれぐさ》』といえば、もちろん兼好法師《けんこうほうし》が書いた「随筆」だが、入試では「吉田兼好《よしだけんこう》」だったり「卜部兼好《うらべかねよし》」だったりと、作者名はイマイチ一定しない。ただ一般的には兼好法師と呼ぶのがもっともポピュラーだ。ちなみに卜部家が神官をしていた「吉田神社」は京都市の左京区の京都大学のすぐそばで、あの有名な銀閣寺の近くだ。

　多くの受験生が誤解しているのは、鴨長明の『方丈記』との成立順で、どうも兼好法師のほうが古いという印象を与えるらしく、『徒然草』→『方丈記』と勘違いしている生徒が多い。**正しい成立順は『方丈記』→『徒然草』で、『方丈記』は鎌倉初期成立、『徒然草』は鎌倉末（南北朝時代）成立**なので、百年以上『方丈記』のほうが早く成立している。

　内容的には、人生訓的な随筆が多く、**無常観**が底流に流れているとはいうものの、現代にも通じる人間観察や思想が書かれていて読みやすくおもしろい。『方丈記』のほうが平安末から鎌倉初期の時代の変遷期に書かれているぶん、**「無常観」**の度合いは強い。

　今回の文章でも、この世を無常ととらえるわりには現世での住居論を展開しているあたり、俗世との接点をもつ『徒然草』らしい内容になっている。兼好法師の生きた南北朝時代から見れば、平安時代はもう遠い昔になっているはずだが、文化的には平安貴族の風流心をよしとする立場をとっている。ただ、「をかし」の『枕草子』とは違って、男性的・武士的な思想も強く、単なる懐古趣味には終わっていない。

　いずれにせよ、『徒然草』の古文は受験生にとっても読みやすく、内容的にも得るところの多いものなので、是非一読をおすすめする。

1 のはがーっと同格であって パート①

●格助詞のは助詞の中ではダントツの大切さだ。まずはその意味から見てみよう。

格助詞の

①主格「~が」
②連体修飾格「~の」
③同格「~で・~であって」
→このニつが大切！
④体言の代用「~のもの・~のこと」
⑤連用修飾格（比喩）「~のように」
※用例が少なく、和歌中にしか出てこない。

●このうち②連体修飾格のは「の＝の」で特に問題ない。また③同格のはやや難しいのでP69で扱うとして、まずは①主格のを制覇しよう！

例文① 家居のつきづきしく、あらまほしきこそ、
訳 住居が、住む人と調和がとれていて、理想的であることは、

例文② よき人の、のどやかに住みなしたる所は、
訳 身分が高く教養もある人が、ゆったりともの静かに住んでいる所は、

2 「係り結び」は入試文法でる順 第1位！

●文中で何箇所か「係り結び」の法則が使われているが、この「係り結び」は入試文法中、でる順第1位といっていいものだ。

●普通文末は終止形になるのだが、この「係り結び」の法則がある場合は以下のように文末が連体形か已然形になる。要注意だ！

「係り結び」の法則

係助詞	意味	文末（結び）
ぞ↓	強意	連体形↑
なむ（なん）↓	強意	連体形↑
や↓	①疑問	連体形↑
か↓	②反語	連体形↑
こそ↓	強意	已然形↑

※や・かが疑問か反語かは文脈による。
かは・やはについてはP38参照。

例文① さても**や**↓は〜住む**べき**。↑（体）

例文② と**ぞ**↓〜思は**るる**。↑（体）

例文③ あらまほしき**こそ**↓〜興あるもの**なれ**。↑（已）

例文④ 安らかなる**こそ**↓、心にくしと**見ゆれ**。↑（已）

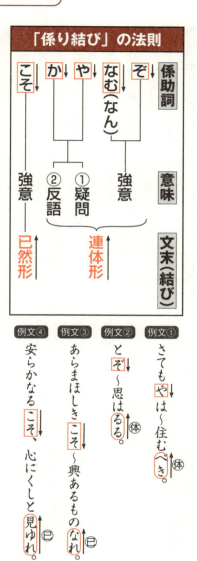

3 心情語につく(る)(らる)は自発！

●助動詞の中で、入試頻度1位は(る)・(らる)だ。この(る)・(らる)は次の4つの意味をもつ。

(る)(らる)の意味

①受身＝(〜に)〜される　②尊敬＝〜なさる・お〜になる
③可能＝〜できる　④自発＝(自然と)〜される

●中でも④自発が最もよく問われるが、この自発の(る)・(らる)を見分けるポイントは、上に「心情語」があるかどうかだ。心情語として有名なものとしては「思ふ・おしはかる・しのぶ・泣く」など。

自発の(る)(らる)

心情語＋(る)/(らる)＝自発「(自然と)〜される」

過去問正解分析

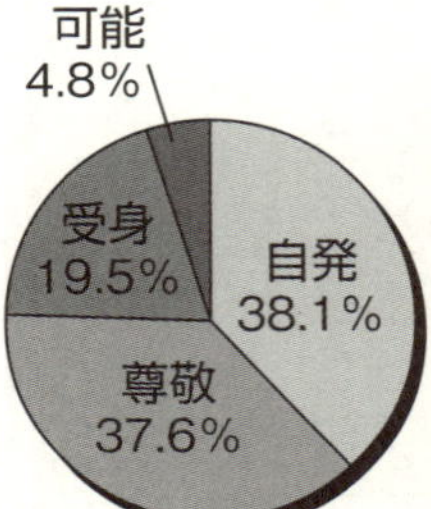

例文①　〜とぞ（係助）、うち見るより思は（心情語）るる（自発「る」体）。

訳　〜と、一目見ただけでも自然と感じられる。

例文②　家居にこそ（係助）、ことざまはおしはから（心情語）るれ（自発「る」已）。

訳　住まいによって、主人の人柄や心情などは自然と推測されるのである。

◆品詞分解チェック

家居《いへゐ》①**の**つきづきしく、②**あらまほしき**③**こそ**、仮の宿りとは思へど、興あるもの④**なれ**。

よき人⑤**の**、⑥**のどやかに**住みなしたる所は、さし入りたる月の色も、ひときはしみじみと⑦**見ゆる**ぞかし。いまめかしく⑧**きららかなら**⑨**ね**ど、木立ものふりて、わざとなら⑩**ぬ**庭の草も心あるさまに、簀子《すのこ》・透垣《すいがい》のたよりをかしく、うちある調度《ちゃうど》も昔⑪**おぼえ**て安らかなる⑫**こそ**、心にくしと⑬**見ゆれ**。

多くの工《たくみ》の心を尽くしみがきたて、唐《から》⑭**の**、大和の、珍しく、えならぬ調度《ちゃうど》ども並べ置き、前栽《せんざい》の草木まで心のままならず作りなせるは、見る目も苦しく、いとわびし。さても⑮**やは**、長らへ住む⑯**べき**。また、時の間の煙ともなりなんと⑰**ぞ**、うち見るより思は⑱**るる**。おほかたは、家居《いへゐ》に⑲**こそ**、ことざまはおしはから⑳**るれ**。

①格助（主格）
②シク・形・㊍
③係助（強意）
④断定「なり」㊁（結び）
⑤格助（主格）
⑥ナリ・形動・㊊
⑦ヤ・下二・㊍
⑧ナリ・形動・㊎
⑨打消「ず」㊁
⑩打消「ず」㊍
⑪ヤ・下二・㊊
⑫係助（強意）
⑬ヤ・下二・㊁（結び）
⑭格助（体言の代用）
⑮係助（反語）
⑯可能「べし」㊍（結び）
⑰係助（強意）
⑱自発「る」㊍（結び）
⑲係助（強意）
⑳自発「る」㊁（結び）

第一部
2
堤中納言物語《つつみちゅうなごんものがたり》

作者未詳

物語
平安時代後期

蝶《てふ》**めづる**姫君**の**住み給ふかたはらに、按察使《あぜち》の大納言の御むすめ、**心にくく**、**なべて**ならぬさまに、親たち**かしづき**給ふ事かぎりなし。この姫君の**のたまふ**事、「人びとの花や蝶やとめづるこそ、はかなく**あやしけれ**。人はまことあり、本地たづねたるこそ、**心ばへ**をかしけれ」とて、よろづの虫**の**おそろしげなるをとり集めて、「これが成ら**む**さまを見む」とて、さまざまなる籠箱《こばこ》どもに入れさせ給ふ。中にも、「かはむしの心ふかきさましたるこそ**心にくけれ**」とて、明暮《あけくれ》は耳はさみをして、手のうらにうつぶせて**まぼり**給ふ。

若き人びとは、怖《お》ぢまどひければ、男の童《わらは》**の**物

蝶を愛する姫君が住みなさる家のお隣に、按察使の大納言の姫君が住んでいて、奥ゆかしく、普通ではない様子であるので、親たちが大切に育てなさることは限りもない。この姫君がおっしゃることには、「世間の人々が、花よ蝶よと愛するのは何にもならず、不思議なことです。人間には誠実な心があり、物の本質を追求してこその人の心の有様が趣深いのである」とおっしゃって、いろいろな虫で恐ろしそうなものを取ってきて集めて、「この虫が成長していくような様子を見よう」といって、様々な箱に姫君は入れさせなさる。虫たちの中でも、「毛虫が思慮深そうな様子をしているのが奥ゆかしい」とおっしゃって、姫君は明けても暮れても顔にかかる髪を耳に挟んで、手の平の上に毛虫を乗せてじっと見つめていらっしゃる。

若い女房たちはその様子に、恐れてとり乱し

怖《お》ぢせず、**いふかひなき**を召しよせて、箱の虫どもを取らせ、名を問ひ聞き、いま新しきには、名をつけて、興じ給ふ。「人はすべてつくろふところあるはわろし」とて、眉《まゆ》**さらに**抜き給は**ず**、歯ぐろめ**さらに**、「**うるさし**、きたなし」とてつけ給は**ず**、いと白らかに笑みつつ、この虫どもを朝夕《あしたゆふべ》に愛し給ふ。人びと**怖ぢ**わびて逃ぐれば、その御方《おんかた》は、いとあやしくなむ**ののしり**ける。かく怖《お》づる人をば、「**けしからず**、ばうぞくなり」とて、いと眉黒《まゆぐろ》にてなむにらみ給ひけるに、いとど心地なむ**まどひ**ける。

てしまったので、男の童で物おじをせず、**つまらない身分の者**を姫君は呼び寄せて、箱の虫を取り出させ、虫の名を尋ね聞き、初めての新しい虫には名前を付けて面白がりなさる。「人は何でも、化粧したりして取りつくろうところがあるのはいけないことだ」とおっしゃって、眉毛など**全く**お抜きにならず、お歯黒も**全く**「**めんどうで**、汚い」とおっしゃっておつけにならない。たいそう白い歯を見せて笑いながら、この虫たちを朝に夕べにかわいがっていらっしゃる。女房たちが虫を**恐れて**途方にくれて逃げだすと、この姫君は、たいそう**大きな声で叱りつける**のであった。このように虫を怖がる女房たちを、「虫を怖がるのは**よくない**ことで、不作法だ」とおっしゃって、とても黒々とした眉でにらみなさったので、女房たちはますます心が乱れて**どうしてよいかわからなくなっ**てしまった。

◆重要単語チェック

※ ［網掛け］＝文中での意味

こころにくし
●所の憎しみ、なぜか奥ゆかしい
①奥ゆかしい。 ②恐るべきだ。 ③不審だ。

なべて
●鍋って普通、すべってく
①すべて。 ②普通。 ③一面に。 ④（なべてならず）並一通りではない。

かしづく
●菓子、づっくりと大切に育てる
①大切に養い育てる。 ②大切に世話をする。

のたまふ
●のりたまフリフリおっしゃる
①おっしゃる。

あやし
●あっヤシの実だ、いや、しいたけだ、そーまつぼっくりだ、不思議だな
①不思議だ。 ②けしからぬ。 ③卑しい。 ④粗末だ。

まもる・まぼる
●まもる君を見つめる
①見つめる。 ②見張る。

いふかひなし
●誘拐なしはつまらない
①どうしようもない。 ②つまらない。 ③身分が低い。

うるさし
●うるさいし面倒で嫌味だなぁ
①面倒だ。 ②嫌味だ。 ③すぐれている。

おづ
●オヅの魔法使いを怖がる
①怖がる。恐れる。

まどふ
●窓ふき屋、道に迷ってひどくあわてる
①迷う。 ②思う悩む。 ③あわてる。 ④ひどく（～する）。

02 ゴロゴプレミアム講義

『堤中《つつみちゅう》納《な》言《ごん》物語《ものがたり》』は平安時代後期に成立した物語。

この物語は短編集というところが特徴で、以下のタイトルのものでできている。「花桜折る少将」「このついで」「虫めづる姫君」「逢坂越えぬ権中納言」「はなだの女御」「はいずみ」「ほどほどの懸想」「貝合はせ」「思はぬ方にとまりする少将」「よしなしごと」。全部短い文章で、内容も比較的容易なので一読してみるのもいいかもしれない。

「花桜折る少将」は好きな美女と間違えて老尼を連れ出してしまうというオチ。今回扱った「虫めづる姫君」は、服装などがすべて当時の伝統慣習に反逆した姫君が、毛虫などの恐ろしげな虫を愛するというお話。「はいずみ」はおしろいとお歯黒とを間違って塗ってしまう滑稽談。などなど、それなりに当時は面白がって読まれたのではないかと思われる内容をもつ。

文学史的には、『源氏物語』の影響を受けて成立した平安時代の物語群のひとつとして入試に頻出する。

『源氏物語』以後の平安の物語としては、『浜松《はままつ》中《ちゅう》納《な》言《ごん》物語《ものがたり》』『夜《よる》の寝覚《ねざめ》』『狭《さ》衣《ごろも》物語《ものがたり》』『とりかへばや物語』などがあるが、どれも『源氏物語』の影響を受けており、いかに『源氏物語』の存在が大きかったかがわかる。

文学史ゴロとしては、**「中納言、寝覚めの衣とりかへる」**と覚える。

『浜松中納言物語』と『夜の寝覚』は、あの菅原孝《すがわらのたか》標女《すえのむすめ》が書いたと言われている。彼女の日記である『更級日記』を読めばわかることだが、彼女は『源氏物語』大好き少女で、一種のマニアのレベル。それだけに『源氏物語』に対する思い入れはものすごく、その彼女が『源氏物語』に影響を受けてこれらの作品を書いたのは当然と言えば当然と言える。

4 形容動詞の活用を覚えよう！

●形容動詞の活用で気をつけてほしいのは、ナリ活用の形容動詞の活用語尾が断定の助動詞**なり**と全く同じである点だ。

形容動詞ナリ活用	
未然形	なら
連用形	なり に
終止形	なり
連体形	なる
已然形	なれ
命令形	なれ

●形容動詞なのか「名詞＋**なり**」なのかを見分けるコツは、直前に「**いと**（＝とても）」を入れて意味が通るかどうかで判断することだ。

識別しよう

静かなり　○いと静かなり＝とても静かだ ➡ 形容動詞 **静かなり**

犬なり　×いと犬なり＝とても犬だ ➡ 名詞＋断定 **なり**

例文①

よろづの虫の**おそろしげなる** ナリ・形動・体 をとり集めて、

訳 いろいろな虫で恐ろしそうなものを取ってきて集めて、

※この例文の場合も、直前に**いと**を入れてみて「いとおそろしげなる」となっても意味が通るので、**おそろしげなる**が形容動詞とわかる。

5 こその結びの形容詞・已然形に注意！

●まず形容詞の活用をしっかりマスターしよう！　ここでは心にくしを例に、ク活用の活用を見てみよう。

形容詞ク活用	未然形	連用形	終止形	連体形	已然形	命令形
↓本活用	く	く	し	き	けれ	○
↓補助活用	から	かり	○	かる	○	かれ

●補助活用と呼ばれる活用は、下に助動詞が付く。例えば心にくからず、心にくかりけり、心にくかるべしなどとなる。

●「係り結び」の結びとしては本活用の連体形、已然形を使う。

例文①　心ふかきさましたるこそ（係助）心にくけれ（ク・形・已）。

訳　思慮深そうな様子をしているのが奥ゆかしい。

●右の例のような已然形の時は助動詞けりと混乱するので、左の例と見比べて違いをしっかりと理解しておこう。

例文②　心ふかきさましたるこそ（係助）心にくかり（ク・形・用）けれ（過去「けり」已）。

訳　思慮深そうな様子をしているのが奥ゆかしかった。

係助詞こその結びの時の心にくけれと心にくかりけれの違いに注目！

6 逃ぐれ 怖《お》づるを文法的に説明せよ！

●下二段や上二段の動詞は現代語の感覚でとらえると間違えやすいので気をつけよう。まずは逃ぐ 怖づを例に活用させてみよう。

例①

逃ぐ
怖づ

未然形	連用形	終止形	連体形	已然形	命令形
逃げ	逃げ	**逃ぐ**	**逃ぐる**	**逃ぐれ**	逃げよ
怖ぢ	怖ぢ	**怖づ**	**怖づる**	**怖づれ**	怖ぢよ

× 終止形 逃げる
× 終止形 怖ぢる

●この時、最も間違えやすいのが連体形・已然形のところだ。

上二段と下二段の連体形・已然形に注意

―uる ＝**連体形**
―uれ ＝**已然形**
→ **上二段** or **下二段**

※ uのところの行が活用の行

例②

逃ぐる ＝**ガ**行下二段活用・**連体形**
逃ぐれ ＝**ガ**行下二段活用・**已然形**

例③

怖づる ＝**ダ**行上二段活用・**連体形**
怖づれ ＝**ダ**行上二段活用・**已然形**

◆品詞分解チェック

蝶①**めづる**姫君②**の**住み給ふかたはらに、按察使の大納言の御むすめ、③**心にくく**なべてなら④**ぬ**さまに、親たちかしづき給ふ事かぎりなし。この姫君⑤**の**のたまふ事、「人びと⑥**の**花や蝶やとめづる⑦**こそ**、はかなく⑧**あやしけれ**。人はまことあり、本地たづねたる⑨**こそ**、心ばへ⑩**をかしけれ**」とて、よろづの虫⑪**の**⑫**おそろしげなる**をとり集めて、「これが成ら⑬**む**さまを⑭**見**⑮**む**」とて、さまざまなる籠箱どもに入れさせ給ふ。中にも、「かはむしの心ふかきさましたるこそ心にくけれ」とて、明暮は耳はさみをして、手のうらにうつぶせてまぼり給ふ。（中略）

人びと⑯**怖ぢ**わびて⑰**逃ぐれ**ば、その御方は、いとあやしく⑱**なむ**ののしり⑲**ける**。かく⑳**怖づる**人をば、「けしからず、ばうぞくなり」とて、いと眉黒にてなむにらみ給ひけるに、いとど心地なむまどひける。

①ダ・下二・体
②格助（主格）
③ク・形・用
④打消「ず」体
⑤格助（主格）
⑥格助（主格）
⑦係助（強意）
⑧シク・形・已（結び）
⑨係助（強意）
⑩シク・形・已（結び）
⑪格助（同格）
⑫ナリ・形動・体
⑬婉曲「む」体
⑭マ・上一・未
⑮意志「む」終
⑯ダ・上二・用
⑰ガ・下二・已
⑱係助（強意）
⑲過去「けり」体（結び）
⑳ダ・上二・体

第一部
3
宇《う》治《じ》拾《しゅう》遺《い》物《もの》語《がたり》

作者未詳

世俗説話
鎌倉時代前期

これも今は昔、絵仏師良秀といふありけり。家の隣より火出で来て、風おしおほひてせめければ、逃げ出でて大路へ出でにけり。人の書かする仏もおはしけり。又衣着《きぬき》ぬ妻子なども、さながら内にありけり。それも知らず、ただ逃げ出でたるをことにして、向かひのつらに立てり。見れば、すでにわが家にうつりて、煙、炎くゆりけるまで、大かた向かひのつらに立てながめければ、あさましきこととて、人ども来とぶらひけれど、騒がず。「いかに」と人いひければ、向かひに立ちて、家の焼くるを見て、うちうなづきて、時々笑ひけり。「あはれ、しつるせうとくかな。年比《としごろ》はわろく書きけ

これも今はもう昔のこと、絵仏師の良秀という者がいた。隣の家から火事が起こり、風がその火を追って火が迫ってきたので、逃げ出して表の大通りへ出た。人が注文して描かせた仏も家の中にいらっしゃった。また衣服も着ていない妻や子供たちも、そのまま家の中にいた。良秀はそのことは知らず自分だけ逃げ出したのをよいことにして、道の向かい側に立っていた。見ると、火は既に自分の家に燃え移っていて、煙や炎がくすぶり出すころまで、その間じゅう道の向かい側に立って眺めていたので、「これは驚き呆れることになった」といって人々が見舞いに来たけれども、良秀は少しも騒がない。「どうしました」と人々が言ったところ、良秀は道の向かい側に立って、家が焼けるのを見てうなずき、時々笑っていた。「ああ、たいへんなもうけものをしたことよ。長年まずい絵を書いてい

る物かな」といふ時に、とぶらひに来たる者ども、「こはいかに、かくては立ち給へるぞ。あさましきことかな。物のつき給へるか」といひければ、「なんでふ物のつくべきぞ。年比、不動尊の火炎をあしく書きけるなり。今見れば、かうこそ燃えけれと、心得つるなり。これこそせうとくよ。この道を立てて世にあらんには仏だによく書き奉らば、百千の家も出できなん。わたう達こそ、させる能もおはせねば、物をも惜しみ給へ」といひて、あざ笑ひてこそ立てりけれ。その後にや、良秀がよぢり不動とて、いまに人々めであへり。

たものだ」と言うときに、見舞いに来た人々が、「これはどうして、このように立ちなさっているのか。驚き呆れたことだ。物の怪でも取り付きなさったか」と言うと、良秀は「どうして物の怪が取り付こうか。長年不動尊の火炎を下手に書いていたのだ。今火事を見ると、こうして燃えるものだと納得できたのである。このことが分かったことこそがもうけものだ。仏画師として生計を立てて行くとしたら、仏さえ上手に描き申し上げるならば、百や千の家も作ることができよう。あなたたちは、これといった才能もお持ちでないので、なにかと物を惜しみなさってください」と言って、あざ笑って立っていたということだ。その後からであろうか、良秀のよじり不動といって、その絵を今なお人々が感心しあっている。

◆重要単語チェック

※［色付き部分］＝文中での意味

おはす

●大橋（おーはす）巨泉でいらっしゃる、サー変

①いらっしゃる。（「あり」の尊敬語）
②（尊敬の補助動詞）〜ていらっしゃる。

さながら

●さなぎのガメラ、全部 もとのまま

①もとのまま。そのまま。②全部。
③（打消表現を伴って）全然（〜ない）。

あさまし

●朝目覚ましに驚き呆れる

①驚き呆れる。②興ざめだ。
③話にならない。④ひどい。

とぶらふ

●飛ぶピラフ、見舞いに訪れる

①訪れる。②問う。
③見舞う。④弔問する。

あはれ（なり）

●ああ晴れたとしみじみとする

①しみじみと趣がある。
②かわいい。気の毒だ。など ③ああ。

としごろ

●年ごろは長年続かない

①長年。数年来。

あし

●あっしが悪い、下手だ

①悪い。②下手だ。
③卑しい。

あり

●アリも生きている

①生きている。②生活する。生計を立てる。
③存在する。

だに

●ダニにせめてもらうだけでも、さえは幸せ

①せめて〜だけでも。
②〜さえ。

めづ

●目ぇづっと愛する、感心だ

①愛する。②賞美する。
③感心する。

03 ゴロゴプレミアム講義

『宇《う》治《じ》拾《しゅう》遺《い》物語《ものがたり》』は鎌倉時代前期に成立した説話で、内容的には世俗説話と言われるもの。説話は平安時代の『今昔物語集』が最大のものだが、鎌倉時代に入ると『宇治拾遺物語』をはじめとして数多くの説話が成立した。

「説話」というジャンルは古文的にはわりと平易で、一つ一つが完結したストーリーをもっているため、入試で出題されやすい。説話ではこの『宇治拾遺物語』が最もよく出題されるが、他にも、前述の『今昔物語集』、『古《こ》本《ほん》説《せつ》話《わ》集《しゅう》』、**鴨《かもの》長《ちょう》明《めい》作の『発《ほっ》心《しん》集《しゅう》』**、『古《こ》今《こん》著《ちょ》聞《もん》集《じゅう》』、『十《じっ》訓《きん》抄《しょう》』などが、入試出典の上位にランクされる。

今回の古文文法・虎の巻で扱っている「り」「給ふ」「ば」はいずれも文法の枠を越えて古文読解にからむものなので、しっかりマスターしてほしい。

完了の助動詞「り」は、接続が特殊で文中にも頻出する受験生泣かせの助動詞だ。特に「給ふ」と組み合わさって「給へ／ら・給へ／り・給へ／る・給へ／れ」などの形で出てきた時は要注意。いずれも**四段の「給ふ」の已然形「給へ」に完了の助動詞「り」が付いたものなので、「給へ」は尊敬**となる。

一方、後でも出てくるが、「給ふ」には下二段のものもあり、そちらは謙譲語。例えば連体形の「給ふる」、已然形の「給ふれ」などの形の場合は一語で謙譲語。「尊敬＋完了」の「給へ／る」「給へ／れ」との違いを識別することが大切。

また接続助詞「ば」のマスターは古文読解の基本中の基本。「未然形＋ば」＝仮定条件と「已然形＋ば」＝確定条件とは全く別物なので、現代語の感覚で古文を読んでいる人は早目にこの二つの違いを頭にたたき込もう！

7 ミーならば、イーなので

未然形＋「ば」＝「〜ならば」　已然形＋「ば」＝「〜ので」

●接続助詞**ば**は現代語の用法と混乱するので、古文読解においてなるべく早目に制覇しておきたいものだ。現代文で「雨が降れば、試合は中止だ」という場合、「降れば」は仮定条件で「もし雨が降るならば」の意になるが、古文での「雨降れば」は**確定条件**になり、「**雨が降ったので**」となる。全く違う意味になってしまうのだ。

接続助詞ば

① **未然形**＋**ば**＝**順接仮定条件**「**(もし)〜ならば**」

② **已然形**＋**ば**＝**順接確定条件**

(a) **原因・理由**「**〜ので**」

(b) **単純接続**「**〜たところ・〜すると**」

(c) 恒常条件「〜するといつも」

例文①

仏だによく書き奉らば、（未）

訳 仏さえ上手に描き申し上げるならば、

例文②

風おしおほひてせめければ、（已）

訳 風がその火を追って火が迫ってきたので、

例文③

今見れば、（已）かうこそ燃えけれと、

訳 今火事を見ると、こうして燃えるものだと、

8 りかちゃんサ《さ》未《み》四《し》已《い》！

●完了の助動詞りは非常に特殊な接続をするので、まずはその確認から。

完了りの接続

サ《さ》変の未《み》然形
四《し》段の已《い》然形

＋り
↓
エ段＋

れるりら ― 完了りの活用したもの

↓
エ段＋ら・り・る・れは完了！

●サ変の未然形はせ、四段の已然形はエ段（のばすと「ーエ」になる）なので、要するに完了りはエ段に付く助動詞だ、とまとめることができる。
これを「エ段＋ら・り・る・れ」と呼んでいる！

エ段に付く「ら・り・る・れ」は必ず完了「り」！

例文①
向かひのつらに立て［他・四・已］り［完了「り」終］。
訳 道の向かい側に立っていた。

例文②
こはいかに、かくては立ち給へ［ハ・四・已］る［存続「り」体］ぞ。
訳 これはどうして、このように立ちなさっているのか。

※完了りには存続「〜ている」の意味もあるので注意！

9 四段の給ふは已然形と命令形に注意！

未然形	連用形	終止形	連体形	已然形	命令形
給は	給ひ	給ふ	給ふ	給へ	給へ

↓ 四段活用の給ふは**尊敬語**

四段活用の給ふは尊敬語

● ハ行四段活用の給ふは大きく二つに分けると次のようになる。

① **本動詞「お与えになる・下さる」**

② **補助動詞「〜なさる・お〜になる」**

このうち、②の補助動詞の用法が最も多く、文中に頻出する。

例文①

物のつき給へるか。（給へ：ハ・四・已・尊　る：完了「り」体）

訳 物の怪でもとりつきなさったか。

例文②

物をも惜しみ給へ。（給へ：ハ・四・命・尊）

訳 物を惜しみなさってください。

● 完了りとの組み合わせでも頻出し、入試でもよく問われる。「給へらば」「給へりけり」「給へれど」などの形に注意。

● 命令形給へは「〜してください」と訳すのがポイント。

◆品詞分解チェック

これも今は昔、絵仏師良秀といふありけり。家の隣より火出できて、風おしおほひてせめければ、逃げ出でて大路へ出で**に**①**けり**②。人の書か**する**③仏もおはしけり。又衣《きぬ》**着**④**ぬ**⑤妻子なども、さながら内にありけり。それも知らず、ただ逃げ出でたるをことにして、向かひのつらに**立て**⑥**り**⑦。（中略）「あはれ、しつるせうとくかな。年比《としごろ》はわろく**書け**⑧**る**⑨物かな」といふ時に、とぶらひに来たる者ども、「こはいかに、かくては立ち**給へ**⑩**る**⑪ぞ。あさましきことかな。物のつき給へるか」といひければ、「なんでふ物のつくべきぞ。年比、不動尊の火炎をあしく書きけるなり。今見れば、かうこそ燃えけれと、心得つる**なり**⑫。これこそせうとくよ。この道を立てて世にあら**ん**⑬には仏だによく書き**奉ら**⑭**ば**⑮、百千の家も出でき**な**⑯**ん**⑰。わたう達こそ、させる能もおはせ**ね**⑱**ば**⑲、物をも惜しみ**給へ**⑳」といひて、あざ笑ひてこそ立てりけれ。（後略）

①完了「ぬ」用
②過去「けり」終
③使役「す」体
④カ・上一「着る」未
⑤打消「ず」体
⑥タ・四・已
⑦完了（存続）「り」終
⑧カ・四・已
⑨完了「り」体
⑩ハ・四・已（尊敬）
⑪完了（存続）「り」体
⑫断定「なり」終
⑬仮定「ん（む）」体
⑭ラ・四・未
⑮接助（仮定条件）
⑯強意「ぬ」未
⑰推量「ん（む）」終
⑱打消「ず」已
⑲接助「ば」（確定条件）
⑳ハ・四・命（尊敬）

第一部

4 玉勝間《たまかつま》

作者 本居宣長《もとおりのりなが》

随筆 江戸時代後期

兼好法師がつれづれ草に、花は盛りに、月は**くまなき**をのみ見るもの**かは**とかいへ**る**は、いかにぞや。いにしへの歌どもに、花は盛りなる、月は**くまなき**をも見たるよりも、花のもとには風を**かこち**、月の夜は雲を**いとひ**、あるは待ち、をしむ**心づくし**を詠め**る**ぞ多くて、心深きも、ことにさる歌に多かるは、みな、花は盛りをのどかに見**まほしく**、月は**くまなから**むことを思ふ心**のせちなる**からこそ、さも**え**あら**ぬ**を嘆きたる**なれ**。いづこの歌に**かは**、花に風をまち、月に雲をねがひたるはあらむ。**さるを**、かの法師が言へ**る**ごとくなるは、人の心にさかひたる、後の世の**さかしら**心

兼好法師が、その著『徒然草』に、「花は満開の時に、月は**一点の曇りもない**時にだけ眺めるべきもの**であろうか、いや、そうとは限らない**」とかいっ**ている**のは、どうであろうか。古歌などには、花は満開であるのを、月は**一点の曇りのない**のだけを眺めたのよりも、花の咲いた下では風の吹くのを**嘆き**、月の夜は雲が月を隠すのを**嫌い**、あるいは花の咲き、月の出るのを待ち、花の散り、月の入るのを惜しむ**もの思い**を詠んだものが多くて、情趣が深いのも、ことにそういう歌に多いのは、それはみな、花は満開のところをのどかに見**たいと思い**、月は**くまなく照っていて**ほしいと願う心**が切実である**からこそ、そう**することができない**様子を嘆いているの**である**。どこのだれの歌に、花の咲いている時に風の吹くのを待ち望み、月の照っている時に雲の出るのを願うもの**があるだろうか、そんなも**

のつくりみやびにして、まことのみやび心にはあらず。かの法師がいへる言《こと》ども、このたぐひ多し。すべて、なべての人のねがふ心にたがへるをみやびとするは、つくりごとぞ多かりける。恋にあへるをよろこぶ歌は心深からで、あはぬを嘆く歌のみ多くして心深きも、あひ見むことをねがふからなり。人の心は、うれしき事はさしも深くはおぼえぬものにて、ただ心にかなはぬことぞ深く身にしみてはおぼゆるわざなれば、すべてうれしきを詠める歌には心深きはすくなくて、心にかなはぬすぢを悲しみうれへたるにあはれなるは多きぞかし。さりとて、わびしく悲しきをみやびたりとてねがはむは、人のまことの心ならめや。

のはない。それなのに、あの兼好法師がいっているようなことは、人情に背いた、後世のこざかしい心から出た偽りの風流であって、真情から出た誠の風流心ではない。あの法師がいっている多くの言葉には、この種類のものが多い。すべて、普通の人が願っている心に反していることを風雅と考えるのは、不自然な偽り事が多いものである。恋人に会ったことを喜ぶ歌は情趣が深くなくて、会わないことを嘆く歌ばかりが多く詠まれて情趣が深いのも、人はもともと恋人に会うことを願うからである。人の心というものは、うれしいことはそれほど深く印象に残らぬもので、ただ思い通りにならなかったことが、深く身にしみて思われることであるので、すべて、うれしいことを詠んだ歌には情趣が深いものは少なくて、思うにまかせぬ方面を、悲しみうれえている歌に、しみじみと印象深いものが多いのであるよ。そうだからといって、つらく悲しいことを、風流であると考えて望むとしたら、それは、果たして人間の真情であろうか、そうではあるまい。

◆重要単語チェック

※ □ ＝文中での意味

くまなし
① 抜け目がない。 ② かげりがない。
③ 隠し立てがない。
●クマ梨食べる、抜け目なく。かげりがない

かこつ
① 他のせいにする。
② 嘆く。 不平を言う。
●「カッコつけるな、お前のせいだ」と嘆く

いとふ
① 嫌う。
●伊藤夫人は嫌いだ

こころづくし
① あれこれとものを思うこと。
●所、ヅックシ もの思い

せち（なり）
① ひたすらだ。 ② 大切だ。
③ 素晴らしい。 ④ 切実だ。
●せっちん ひたすら 大切だ

え（〜ず）
①（下に打消表現を伴って）〜することができない。
●えー、ずっとできないの？

さかしら（なり）
① かしこい。 ② 気丈だ。
③ こざかしい。
●坂下 かしこい、こざかしい

なべて
① すべて。 ② 普通。 ② 一面に。
③（なべてならず）並一通りではない。
●鍋って 普通、すべってく

あはれ（なり）
① しみじみと趣がある。 ② かわいい。
気の毒だ。立派だ。など ③ ああ。
●ああ晴れたとしみじみとする

みやび
① 都会風（に洗練された優雅さ）。 風流。
●みーやビカビカ都会風

04 ゴロゴプレミアム講義

『玉勝間《たまかつま》』の作者、**本居宣長《もとおりのりなが》**（1730〜1801）は『源氏物語』の注釈書である**『源氏《げんじ》物語《ものがたり》玉《たま》の小櫛《おぐし》』**でも有名な**江戸時代後期の国学者**。『玉勝間』は本居宣長の随筆で、彼の文学観・学問観・人生観を綴ったもの。

「国学」というのは江戸時代に起こった学問で、『古事記』『日本書紀』『万葉集』『源氏物語』などの古典を研究して、古代日本の思想・文化をあきらかにしようとしたもの。国学四大人《こくがくしたいじん》と呼ばれる、荷田春満《かだのあずままろ》、賀茂真淵《かものまぶち》、本居宣長《もとおりのりなが》、平田篤胤《ひらたあつたね》によって完成された。

中でも**賀茂真淵**は本居宣長の師であり、**『万葉考』『冠辞考』**などの『―考』シリーズを書いて国学を発展させた。弟子としては本居宣長の他に、村田春海《むらたはるみ》、加藤《かとう》千蔭《ちかげ》などがいる。大学入試でも、賀茂真淵・村田春海・加藤千蔭は上位大学でよく出題されるので注意が必要だ。

そして本題の本居宣長であるが、センター試験でも複数回出題されたという点で特筆すべき人であり、今後も要チェックの人物。前述の『源氏物語玉の小櫛』の他に、三十年を費やして完成させた『古事記』の注釈書**『古事記伝』**、国学入門書の**『初山踏《ういやまぶみ》』**などがある。

今回の『玉勝間』は本居宣長の随筆で、比較的読みやすい。古文文法・虎の巻では「やは・かは」は反語が多い、というテーマを扱う。たとえば入試で「雨やは降らん」とあれば、口語訳は「雨が降るだろうか、いや降らないだろう」と訳す。結論として「反語＝打消」なので、この場合だと結論は「雨は降らない」ということを押さえるのがポイントだ。

10 やはかはは反語!

●入試文法でる順1位の係り結びの中で、や・かは①疑問、②反語の2つの意味をもっている。そのどちらで使われているかの判断は文脈によるしかないが、やはかはという形で使われるとほとんどが反語の意味になる。

係助詞 や か

や か
① 疑問
② 反語
―文脈判断
↓
やは かは
＝
反語「～だろうか、いや～ではない」

例文①

月はくまなきをのみ見るものかは。

訳 月は一点の曇りもない時にだけ眺めるべきものであろうか、いや、そうとは限らない。

※文末にかはがあり、結びのない用法。

例文②

いづこの歌にかは、花に風をまち、月に雲をねがひたるはあらむ。

訳 どこのだれの歌に、花の咲いている時に風の吹くのを待ち望み、月の照っている時に雲の出るのを願うものがあるだろうか、いや、そんなものはない。

◆品詞分解チェック

兼好法師がつれづれ草に、花は盛りに、月は①**くまなき**をのみ見るもの②**かは**とか③**いへ**④**る**は、いかにぞや。いにしへの歌どもに、花は盛りなる、月はくまなきをも⑤**見**たるよりも、花のもとには風をかこち、月の夜は雲をいとひ、あるは待ち、をしむ心づくしを⑥**詠め**⑦**る**ぞ多くて、心深きも、ことにさる歌に多かるは、みな、花は盛りをのどかに⑧**見**⑨**まほしく**、月はくま⑩**なから**⑪**む**ことを思ふ心の⑫**せちなる**から⑬**こそ**、さもえあらぬを嘆きたる⑭**なれ**。いづこの歌に⑮**かは**、花に風をまち、月に雲をねがひたるはあら⑯**む**。さるを、かの法師が⑰**言**⑱**へる**ごとくなるは、人の心にさかひたる、後の世のさかしら心のつくりみやびにして、まことのみやび心⑲**に**はあらず。かの法師がいへる言《こと》ども、このたぐひ多し。（中略）さりとて、わびしく悲しきをみやびたりとてねがは⑳**む**は、人のまことの心ならめや。

①ク・形・㊡
②係助（反語）
③ハ・四・㊒
④完了（存続）「り」㊡
⑤マ・上一・㊊
⑥マ・四・㊒
⑦完了「り」㊡
⑧マ・上一・㊍
⑨願望「まほし」㊊
⑩ク・形・㊍
⑪婉曲「む」㊡
⑫ナリ・形動・㊡
⑬係助（強意）
⑭断定「なり」㊒（結び）
⑮係助（反語）
⑯推量「む」㊡（結び）
⑰ハ・四・㊒
⑱完了（存続）「り」㊡
⑲断定「なり」㊊
⑳仮定「む」㊡

第一部 4

第一部

5 伊勢物語《いせものがたり》

作者未詳

歌物語

平安時代前期

むかし、あてなる男ありけり。その男のもとなりける人を、内記《ないき》にありける藤原の敏行といふ人よばひけり。されど若ければ、文《ふみ》もをさをさしからず、ことばもいひしらず、いはむや歌はよまざりければ、かのあるじなる人、案をかきて、かかせてやりけり。めでまどひにけり。さて男のよめる、

　つれづれのながめにまさる涙川
　袖のみ漬《ひ》ちてあふよしもなし

返し、例の男、女にかはりて、

　浅みこそ袖は漬つらめ涙川
　身さへながると聞かば頼まむ

昔、高貴な男がいた。その男の所にいた女の人に、内記だった藤原敏行という人が言い寄った。けれども女はまだ若かったので、手紙も一人前にしっかり書けず、言葉の使い方も知らず、まして歌は詠まなかったので、その主人が、下書きをして、女に書かせて送った。それを見て男はひどく感心してしまった。さてその男が詠んだ歌、

＝（長雨のために川の水が増すように、）所在ない　もの思いの涙の量が増して涙の川となり袖が濡れるばかりで、二人の会う手立てがないことだ。

その男からの返歌を、例の男が女に代わって詠んだ、

＝あなたの流す涙の川が浅いので袖しか濡れないのでしょう。涙が深い流れとなり身体まで流れると聞くならばあなたを頼りにいたしま

といへりければ、男いといたうめでて、いままで、巻きて文箱《ふばこ》に入れてありとなむいふなる。

男、文《ふみ》おこせたり。得てのちのことなりけり。「雨のふりぬべきになむ見わづらひはべる。身さいはひあらば、この雨はふらじ」といへりければ、例の男、女にかはりてよみてやらす。

かずかずに思ひ思はず問ひがたみ
身を知る雨はふりぞまされる

とよみてやれりければ、みのもかさも取りあへで、しとどにぬれてまどひ来にけり。

しょう。

と言ったので、男はたいそう感心して、現在まで手紙を巻いて文箱に入れてあるということだ。

男が女に手紙をよこした。契りを結んだ後のことであった。「雨が降りそうなのであなたの所へ行こうかどうしようか思案しています。私に幸運があるならば、この雨は降らないだろう」と言ってよこしたので、例の男が、女にかわって詠んで送った。

＝幾度も私を思ってくれるのかくれないのかあなたに尋ねることが難しいので、その答えがわかる雨がますます強く降ることです。（強い雨を冒してあなたが来るかどうかで、あなたの愛がわかるのです）

と詠んで送ったので、男は蓑も笠も身につけないで、びっしょり濡れてあわててやってきた。

◆重要単語チェック

あて(なり)
●あてだっせ、上品で 身分が高いのは
① 身分が高い。高貴である。 ② 上品だ。優雅だ。

よばふ
●よー、バフバフ言い寄る
① 言い寄る。 ② 呼び続ける。

ふみ
●文男、手紙と本を読んでカンカンガクガク
① 書物。 ② 手紙。 ③ 漢学。漢詩。

をさをさし
●ヲー、さお指して しっかりしてる
① しっかりしている。大人びている。

めづ
●目ぇづっと愛する、感心だ
① 愛する。 ② 賞美する。 ③ 感心する。

※ [ ] = 文中での意味

まどふ
●窓ふき屋、道に迷ってひどく あわてる
① 迷う。 ② 思い悩む。 ③ あわてる。 ④ ひどく(〜する)。

ながむ
●長嶋無理にもの思う、 長嶋無理に歌を詠む
① もの思いに沈んでぼんやりと見る。 ② 詩歌を節をつけて口ずさむ

ひつ
●ひっこくすると濡れる
① 濡れる。水につかる。

たのむ
●タコ飲む男をあてにする
① あてにする。 ② 信頼する。 ③ あてにさせる。 ④ 頼みに思わせる。

わづらふ
●わづらふ 鹿寝る、 病気になる
① 病気になる。 ② 苦しむ。 ③ 〜しかねる。どうしようか思案する。

05 ゴロゴプレミアム講義

『伊《い》勢《せ》物語《ものがたり》』は平安時代前期の「歌物語」で、主人公は**在原業平《ありわらのなりひら》**。そこから別名『在五中将の日記』『在五が物語』と呼ばれたりする。主人公の在原業平は、祖父が平城帝というれっきとした皇族の血筋なのだが、藤原氏の他氏排斥によって出世の道は閉ざされている。そこで都を離れて地方に下る「東下《あずまくだ》り」の話や、皇女に恋して駆け落ちの末、捕まって離れ離れにされる悲恋話（身分違いが生んだ悲恋）などが書かれることになる。

『伊勢物語』は「昔、男ありけり」と語り出されている。「歌物語」だけに、各段に必ず和歌が詠まれているが、中でも男女の和歌のやりとりが中心。今回も男の歌に対して女が返歌しているが、実は本当に歌を詠んだのは女ではなく、女の保護者にあたる「あてなる男」。

こうしたことは当時多く行われていたことで、若い女性やまだ教養が十分でない女性の場合（というか歌の下手な場合など）は、代作者がいた。また、身分の高い貴族女性には「女房」が仕えており、彼女たちが何かと知恵を貸したりしていた。『枕草子』における清少納言と中宮定子の関係、あるいは紫式部と中宮彰子の関係なども、要するに中宮の知恵袋として、女房の清少納言や紫式部が雇われていたわけだ。

さて、話を『伊勢物語』に戻すと、落ちぶれているとは言え、主人公の在原業平は皇族の末裔《まつえい》で六歌仙の一人。身分も教養もある上に、歌詠み上手だったのだから、そりゃあモテモテだったろうと想像される。平安貴族の**「みやび（＝都会風に洗練された美意識）」**を代表する人物とも言え、あの『源氏物語』の光源氏も、このプレイボーイ在原業平に少なからず影響されていると言われている。

11 男もす（終）なる（伝・推）日記といふものを女もしてみむとてする（体）なり（断定）。

●なりという助動詞は二つの意味がある。まずはこの二つをちゃんと識別して覚えることが大切だ。そのための最高の例文が「男もすなる」で始まる『土佐日記』（作・紀貫之）の冒頭文だ。この一文をぜひ暗唱してしまおう！

助動詞なりの識別

す（サ変・終）なり ― 伝聞 推定

する（サ変・体）なり ― 断定

↓

終止形＋なり（ただしラ変型は連体形） ― 伝聞「～ということだ・～そうだ」 推定「～らしい・～ようだ」

連体形 体言 ＋なり ― 断定「～だ・～である」

※存在を表し、「～にいる・～にある」となる場合がある。

例文① 巻きて文箱に入れてありとなむ（係助）いふ（終）なる（伝・推「なり」体）。

訳 手紙を巻いて文箱に入れてあるということだ。

例文② 得てのちのこと（体言）なり（断定）けり（過去）。

訳 契りを結んだ後のことであった。

例文③ その男のもと（体言）なり（断定の存在用法）ける（過去）人を、

訳 その男の所にいた人を、

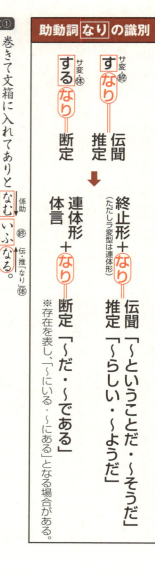

12 狙われる下二段活用動詞得《う》・寝《ぬ》・経《ふ》！

●動詞の中でよく問われる下二段活用だが、さらに特殊な形で、たった三つしかないものとして得《う》・寝《ぬ》・経《ふ》が狙われる。この三つの下二段は語幹と語尾の区別がなく、現代語とは違う活用をするので見てみよう。

特殊な下二段活用動詞

得《う》	寝《ぬ》	経《ふ》
得《え》	寝《ね》	経《へ》
得《え》	寝《ね》	経《へ》
得《う》	寝《ぬ》	経《ふ》
得《う》る	寝《ぬ》る	経《ふ》る
得《う》れ	寝《ぬ》れ	経《ふ》れ
得《え》よ	寝《ね》よ	経《へ》よ

×得《え》る・得《え》れ
×寝《ね》る・寝《ね》れ
×経《へ》る・経《へ》れ

連体形と已然形に注意！

●どれも連体形と已然形が間違えやすいのがわかるかな？
また活用の行にも注意で、得はア行、寝はナ行、経はハ行であって、決してラ行ではない！

例文①
得てのちのことなりけり。（ア・下二・用）
訳 契りを結んだ後のことであった。
※得《う》はここでは「結婚する」の意味。

↑接続助詞ては連用形に付くので得《え》は連用形。

13 「をみ語法」はをがなくても成り立つ！

●「をみ語法」とは、「瀬を速み」＝「流れが速いので」のように、「を〜み」＝「**が〜ので**」と訳すものだが、実はこれがちょっとクセモノなのだ。

ゴ ヲー、ミーが形容詞なので

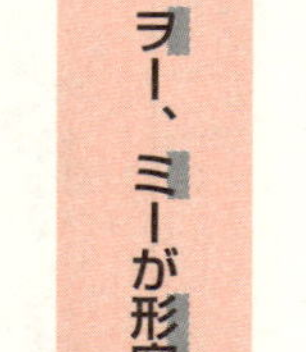

例文① 瀬を速み

訳 川瀬の流れが速いので

●実はこの「をみ語法」は**を**の部分がなくて、「**形容詞の語幹＋み**」だけでも「が〜ので」と訳すことがある。本文中の例がそれにあたる。

例文② 浅みこそ袖は漬つらめ

訳 あなたの流す涙の川が浅いので袖しか濡れないのでしょう。

※形容詞浅しの語幹「浅」に接尾語みの付いたもの。

例文③ かずかずに思ひ思はず問ひがたみ

訳 幾度も私を思ってくれるのかくれないのかあなたに尋ねることが難しいので

※形容詞がたしの語幹「がた」に接尾語みの付いたもの。

◆品詞分解チェック

（前略）

浅みこそ袖は漬つ①らめ涙川身さへながると聞か②ば頼ま③む

と④いへ⑤りければ、男いと⑥いたうめでて、いままで、巻きて文箱に入れてありと⑦なむいふ⑧なる。

男、文おこせたり。⑨得てのちのこと⑩なりけり。「雨⑪のふり⑫ぬ⑬べきになむ見わづらひはべる。身さいはひあら⑭ば、この雨はふら⑮じ」といへりければ、例の男、女にかはりてよみてやらす。

かずかずに思ひ思はず問ひがたみ身を知る雨はふり⑯ぞまされ⑰る

とよみてやれりければ、みのもかさも取りあへ⑱で、しとどにぬれて⑲まどひ来⑳にけり。

①現在推量「らむ」㊁(結び)
②接助（仮定条件）
③意志「む」㊇
④ハ・四・㊁
⑤完了「り」㊀
⑥ク・形・㊀（ウ音便）
⑦係助（強意）
⑧伝聞「なり」㊃（結び）
⑨ア・下二・㊀
⑩断定「なり」㊀
⑪格助（主格）
⑫完了（強意）「ぬ」㊇
⑬推量「べし」㊃
⑭接助（仮定条件）
⑮打消推量「じ」㊇
⑯係助（強意）
⑰完了（存続）「り」㊃（結び）
⑱接助（打消）
⑲カ変・㊀
⑳完了「ぬ」㊀

第一部

6

大和物語《やまとものがたり》

作者未詳

歌物語

平安時代中期

亭子《ていじ》の帝《みかど》、鳥飼院《とりかひのゐん》におはしましにけり。例のごと、御遊びあり。「このわたりのうかれめども、あまたまゐりてさぶらふなかに、声おもしろく、よしあるものは侍《はべ》りや」と問はせたまふに、うかれめばらの申すやう、「大江《おほえ》の玉淵《たまぶち》がむすめと申す者、めづらしうまゐりて侍り」と申しければ、見させたまふに、さまかたちも清げなりければ、あはれがりたまうて、うへに召しあげたまふ。「そもそもまことか」など問はせたまふに、鳥飼といふ題を、みなみな人びとによませたまひにけり。おほせたまふやう、「玉淵はいとらうありて、歌などよくよみき。この鳥飼といふ題をよくつかうまつ

亭子の帝が離宮の鳥飼の院にお出かけになった。いつものように管弦の遊びを催しなさる。「この辺の遊女たちが、たくさん参ってお仕え申し上げている中で、声が趣深く、風情のある者が控えているか」と亭子の帝がお尋ねなさると、遊女たちが申しあげるには、「大江の玉淵の娘という者が素晴らしく参上しております」と申しあげたので、帝が御覧になると、姿も容貌も美しい様子であったので、しみじみと感心なさって、上にお呼び寄せなさる。そして、「一体全体、大江の玉淵の娘だというのは本当のことか」などとお尋ねなさった時に、鳥飼という題をお出しになって、お供の人みんなに歌を詠ませなさった。そこで帝がおっしゃるには、「大江の玉淵は、たいそう熟練していて、歌なども巧みに詠んだ。おまえがこの鳥飼という題を上手に詠んだとしたら、それによって玉淵の本当の子と思

りたら**むに**したがひて、まことの子とはおもほさ**む**」とおほせたまひけり。**うけたまはり**て、**すなはち**、

あさみどりかひある春にあひぬれば
かすみならねどたちのぼりけり

とよむ時に、帝、**ののしり**あはれがりたまうて、御**しほたれ**たまふ。人びともよく酔《ゑ》ひたるほどにて、酔ひ泣きいと**になく**す。帝、御袿《うちき》ひとかさね、袴《はかま》**たまふ**。「**ありとある**上達部《かんだちめ》、みこたち、四位五位、これに物ぬぎて取らせざら**む**者は、座より**立ちね**」とのたまひければ、かたはしより、**上下**《かみしも》みな**かづけ**たれば、**かづき**あまりて、ふた間《ま》ばかり積みてぞ置きたりける。

おう」とおっしゃった。そのおことばを**お受けして**、玉淵の娘は**すぐに**、

＝薄緑色にかすむ、生きがいのある春に巡り合ったので、春霞ではないが〔＝取るに足らない卑しい者ですが〕、霞が立ち上るようにこの御殿に参上したのです。

と歌を詠んだ時に、帝は**大声をあげて**しみじみと感動しなさって、**涙を流し**なさる。おそばの人々も十分に酔っているときであって、感動のあまり酔い泣きを**またとない**ほどにする。帝が御袿一揃いと袴とを褒美として**お与えになる**。そして帝は「ここにいる**すべての**上達部や皇子たち、四位、五位の殿上人よ、この娘に着物を脱いで与えない**ような**者は、この座から**立ち去ってしまえ**」とおっしゃったので、片端から、**身分の高い人も低い人も**みな衣服を**与え**たので、玉淵の娘は**いただき**余って、二間ほどに積み重ねて置いたのであった。

◆重要単語チェック

※ ■＝文中での意味

れいの
●「例のをくれ」「いつものですね、旦那」
①いつもの。②普通の。③いつものように。

あそび
●遊び欲しいか、缶蹴りゲンコ
①詩歌管弦。②神事としての芸能・狩猟。行楽。

さぶらふ・はべり
●「三郎 はベリーマッチョでございます」とお仕えする
①お仕えする。②ございます。③～ます。～でございます。

よし
●よし子様の風情あるそぶりには理由がある
①由緒。②手段。方法。③理由。④風情。趣。⑤そぶり。

めづらし
●めづらしいのは素晴らしく 新鮮だ
①素晴らしい。②新鮮だ。③見慣れない。例がない。

かたち
●形より大きさをご要望
①容貌。顔かたち。②外形。姿。

らうあり
●らうめんアリ食う、慣れている
①慣れている。経験を積んでいる。

しほたる
●しほ、たるんでるぞ。ポタポタ 泣くな
①泣く。涙で袖が濡れる。②しずくが垂れる。

になし
●ニーナ死ぬな、またとない
①またとない。比べるものがない。二つとない。

かづく
●カズ君、潜って褒美をもらう
①水中に潜る。②褒美としていただく。③褒美として与える。

06 ゴロゴプレミアム講義

『大和物語《やまとものがたり》』は前回の**『伊勢物語』**について**平安時代中期に成立した「歌物語」**。平安の歌物語は、その後成立した『平中物語《へいちゅうものがたり》』を入れて全部で三つ。

ゴロは「威勢のいい大和君が、『ヘーイチューハイ』と歌うたう」。「威勢→**『伊勢物語』**」、「大和君→**『大和物語』**」、「ヘーイチューハイ→**『平中物語』**」、「歌うたう→**『歌物語』**」と、なかなかうまく入っているゴロのつもり（笑）。

『大和物語』は「歌物語」とは言うものの、やや説話的で、「姨捨山《おばすてやま》」のお話などが入っている。その意味では比較的読みやすい文章だ。また『伊勢物語』のように一人の主人公がいるわけでもなく雑多な短編集といっていい内容になっている。

今回は、「亭子の帝」が大江の玉淵の娘が詠んだ和歌に感動して涙まで流し、さらには褒美として着物を「たまふ（＝お与えになる）」というお話。

まわりの上達部《かんだちめ》たちも酔っ払っていたとはいえ、褒美の着物が積み上がって二間（3m以上）にもなったというのだから、大した感動ぶり。まあ、帝の命令なのだから誰も逆らえなかったとも言えるかな。

当時、和歌をすばらしく詠んだりした場合の褒美としては、今回のように着物を「かづく（＝褒美として与える）」場合が多く、また頂いた側はそれを肩にかけるという動作で、「かづく（＝褒美を頂く）」のが作法だった。その様子を想像するとなかなか風情があるように思えるね。

ゴ **威勢のいい大和君が、「ヘーイチューハイ」と歌うたう**

14 完了ぬの連用形には大切！

●完了の助動詞ぬはなにかとよく出てくる。そこでまずは活用の確認から。

完了ぬ
な
に
ぬ
ぬる
ぬれ
ね

●このうち、連用形に、終止形ぬ、命令形ねが識別問題で頻出する。ここでは連用形にに絞ってマスターしよう。実は完了の助動詞ぬの連用形には次のようにある決まった形で出てくることが大半なのだ。

完了の助動詞ぬの連用形に

連用形＋に（完了「ぬ」用）＋

けりの活用したもの ➡ けら・けり・ける・けれ
けむの活用したもの ➡ けむ・けめ
きの活用したもの ➡ き・し・しか
たりの活用したもの ➡ たら・たり・たる・たれ

例文①

鳥飼院におはしまし（サ・四・用）に（完了「ぬ」用）けり（過去「けり」終）。

訳 鳥飼の院にお出かけになった。

15 むは「水滴かかってえーん」！

●古文を解釈していく上で、助動詞む（ん）は非常に大切な役割を果たす。ここでしっかりむ（ん）の意味と訳を覚えよう！

推量の助動詞むの意味

- えーん《えーん》＝婉曲「～ような」→む（ん）＋体言（助詞）
- かって《かって》＝仮定「～としたら」→むに・むは など
- か《か》＝勧誘「～してはいかが」
- てき《滴》＝適当「～するのがよい」
  - （勧誘・適当）→二人称＋む（ん）
- い＝意志「～しよう」→一人称＋む（ん）※P68参照
- す《水》＝推量「～だろう」→三人称＋む（ん）

過去問正解分析

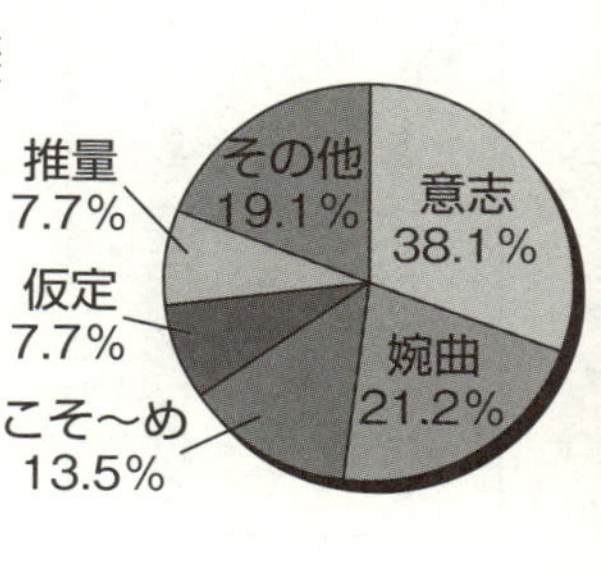

例文① よくつかうまつりたらむ《仮定》にしたがひて、まことの子とはおもほさむ《意志》。

訳 上手に詠んだとしたら、それによって玉淵の本当の子と思おう。

例文② これに物ぬぎて取らせざらむ《婉曲》者は、

訳 この娘に着物を脱いで与えないような者は、

16 ねの識別は意外に難しい！

●文中にねが出てくると識別問題になる可能性が高い。それは、意外に受験生が二つのねについて覚えていないという盲点を突いたものだ。

ねの識別

ね

完了ぬの命令形「してしまえ」	な	に	ぬ	ぬる	ぬれ	ね㊞	↓連用形に付く
打消ずの已然形「〜ない」	ず	ず	ず	ぬ	ね㊁	○	↓未然形に付く
	ざら	ざり	○	ざる	ざれ	ざれ	

●完了ぬと打消ずはぬとねという同形をそれぞれ持っているので、この二つのぬねが入試では問われる。見分け方のコツとしては、まず意味と訳が全く違うので文脈判断で識別する。さらにねが命令形なら完了、已然形なら打消、というように活用形で確認すれば完璧だ。

例文①

かすみなら（断定「なり」未）ね（打消「ず」已）ど

訳 春霞ではないが

例文②

座より立ち（タ・四・用）ね（完了「ぬ」命）。

訳 この座から立ち去ってしまえ。

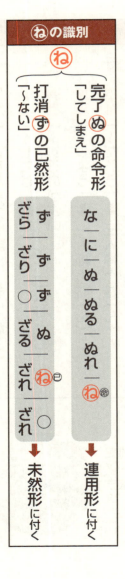

◆品詞分解チェック

亭子《ていじ》の帝《みかど》、鳥飼院《とりかひのゐん》に①おはしましにけり。例のごと、御遊びあり。（中略）「そもそもまことか」など問は②せ③たまふに、鳥飼といふ題を、みなみな人びとによま④せ⑤たまひにけり。⑥おほせたまふやう、「玉淵はいとらうありて、歌などよくよみ⑦き。この鳥飼といふ題をよく⑧つかうまつりたら⑨むにしたがひて、まことの子とはおもほさ⑩む」とおほせたまひけり。（中略）

人びともよく⑪酔《ゑ》ひたるほどにて、酔ひ泣きいと⑫になくす。帝、御袿《うちき》ひとかさね、袴《はかま》⑬たまふ。「ありとある上達部《かんだちめ》、みこたち、四位五位、これに物ぬぎて取らせ⑭ざら⑮む者は、座より立ち⑯ね」とのたまひければ、かたはしより、上下《かみしも》みな⑰かづけたれば、⑱かづきあまりて、ふた間《ま》ばかり積みて⑲ぞ置きたり⑳ける。

①サ・四・〈用〉
②尊敬「す」〈用〉
③ハ・四・〈体〉（尊敬）
④使役「す」〈用〉
⑤ハ・四・〈用〉（尊敬）
⑥サ・下二・〈用〉
⑦過去「き」〈終〉
⑧ラ・四・〈用〉
⑨仮定「む」〈体〉
⑩意志「む」〈終〉
⑪ハ・四・〈用〉
⑫ク・形・〈用〉
⑬ハ・四・〈終〉（尊敬）
⑭打消「ず」〈未〉
⑮婉曲「む」〈体〉
⑯完了（強意）「ぬ」〈命〉
⑰カ・下二・〈用〉（他動詞）
⑱カ・四・〈用〉（自動詞）
⑲係助（強意）
⑳過去「けり」〈体〉（結び）

第一部 6

第一部
7
十訓抄《じっきんしょう》

作者未詳

世俗説話

鎌倉時代中期

和泉式部、保昌が妻にて、丹後へ下りたりけるあとに、歌合《うたあはせ》どものありけるに、小式部内侍《こしきぶのないし》、歌詠みにとられて、歌を詠みけるに、定頼中納言たはぶれて、小式部内侍の局《つぼね》にありけるに、「丹後へつかはしける人は参りたりや。いかに心もとなくおぼすらん。」と言ひ入れて、局《つぼね》の前を過ぎけるを、御簾《みす》よりなからばかり出でて、わづかに直衣《なほし》の袖を控へて

　大江山いくのの道の遠ければ
　まだふみもみず天《あま》の橋立《はしだて》

と詠みかけける。

思はずに、あさましくて、「こはいかに、かかる

和泉式部が藤原保昌の妻として、丹後の国に下った後に、京で歌合せがあったとき、娘の小式部内侍がその歌詠みの一人に選ばれて、歌を詠んだのを、定頼中納言がふざけて、小式部内侍が部屋に控えている所に向かって、「丹後にいる母の和泉式部におやりになった者は戻ってきましたか。どれほど気がかりにお思いになっているでしょうか。」と言葉をかけて、小式部内侍の部屋の前をお通りになったので、小式部内侍はすだれから身を半分ほど出して、定頼中納言の衣服の袖を引き止めて、

＝丹後の国の大江山や生野に行く道のりは遠いので、私はまだ天の橋立まで足を運んだこともありません（母からの手紙も見ておりません）。

と歌を詠みかけた。

思いがけない素晴らしい歌に驚いて、定頼中

やう**やは**ある。」と**ばかり**言ひて、返歌《かへしうた》にも及ばず、袖を引き放ちて逃げ**られ**けり。

小式部これより歌詠みの世に**おぼえ**出で来にけり。これはうちまかせて、理運のことなれども、かの卿《きやう》の心には、これほどの歌、**ただいま**詠み出だす**べし**とは、知られざりけるにや。

納言は「これはいったいどうしたことだ、小式部内侍がこのような素晴らしい歌を詠むことが**できるのだろうか。いや、できるはずがない**」と**だけ**いって、返歌することもできずに、袖を引き払って、あわてて**お逃げになって**いった。

小式部内侍はこのことがあってから、歌人の世界でその**評判**が立つようになった。このことは、一般的に見て（小式部内侍の歌詠みとしての実力から考えて）、当然の運であったけれども、あの定頼中納言の心の中では、これほどの素晴らしい歌を、**即座に**詠むことが**できる**とは、予想外のことだったのであろうか。

第一部 7

◆重要単語チェック

※ ■ ＝文中での意味

つかはす
●つかさはスコスコおやりになる
①（人を）おやりになる。派遣なさる。
②お与えになる。
③行かせる。

こころもとなし
●所元金なし不安だ。お金届くかはっきりしなくて待ち遠しい
①待ち遠しい。②不安だ。気掛かりだ。
③ぼんやりしている。はっきりしない。

おぼす
●大ボスがお思いになる
①お思いになる。

らむ
●ラムちゃん今ごろ何しているだろう
①今ごろ〜しているだろう。②どうして〜ているだろう。③〜ような。

ふみ
●文男、手紙と本を読んでカンカンガクガク
①書物。②手紙。
③漢学。漢詩。④足を踏み入れる。

あさまし
●朝目覚ましに驚き呆れる
①驚き呆れる。②興ざめだ。
③話にならない。④ひどい。

おぼえ
●オーボエ吹きは評判いい、超ー愛してる
①（よい）評判。世評。うわさ。
②寵愛（を受けること）。信任。

局（つぼね）
宮中で自分の局（屏風や几帳で仕切られた固定の部屋）を持つ女官。

御簾（みす）
神殿や貴人の御殿に用いる簾。簾の尊敬語。

直衣（のうし）
天皇や貴人の平服。

07 ゴロゴプレミアム講義

『**十訓抄**《じっきんしょう》』は第3講で扱った『宇治拾遺物語』より少し後に成立した**鎌倉時代中期の説話**で、内容的には世俗説話と言われるもの。十の儒教徳目での教訓話から成っている。

今回取り上げた箇所は、和泉式部《いずみしきぶ》の娘、小式部内侍《こしきぶのないし》の歌人としての面目躍如たる場面で、「大江山」の歌は彼女の代表歌として百人一首にも採られている。この和歌は修辞法として、「縁語」「掛《かけ》(懸)詞《ことば》」「体言止め」が使われており、瞬時にこんなすごい和歌を詠みかけられたのであれば、定頼中納言ならずともビックリ仰天、「まいりました」と言うしかない。

母の和泉式部も天才級の歌人であり、娘の小式部内侍もその才能を引き継いだということなのだろうが、この二人が仕えていた**中宮彰子**のもとには、あの『**源氏物語**』の**紫式部**や、『**栄花物語**《えいがものがたり》』を書いた**赤染衛門**《あかぞめえもん》もいたのだから、豪華絢爛《ごうかけんらん》なメンバーだ。

「大江山」の歌の修辞法としては、「橋」が「ふみ」の縁語。「生野」の「いく」に「行く」が掛けられ、また「ふみもみず」に「踏みもみず」と「文（＝手紙）も見ず」とが掛けられている。句末の「天の橋立」は体言止め。

ちなみに「縁語」というのは、和歌の中で、ある言葉と意味上あるいは発音上縁のある言葉を用いて表現効果を上げることで、例えば「雪」→「消ゆ」などだが、入試で出題される場合は簡単にはわからないレベルの高いものが多く、一種の連想クイズのようになる。一方の「掛《かけ》(懸)詞《ことば》」は、一つの音に二つ以上の意味をもたせる表現法で、例えば「ふる」に「降る」と「経《ふ》る」を掛けるというように、これもクイズの問題に似てくる。

17 らむは現在推量の助動詞なのだ！

●推量の助動詞で代表的なものは**む**だが、ここでその**む**を中心に推量の助動詞をまとめてみよう！

推量の助動詞

推量
- 未＋む ←強め 終＋べし

↓打消　↓打消

打消推量
- 未＋じ ←強め 終＋まじ

過去推量＝用＋けむ「～ただろう」
現在推量＝終＋らむ「～ているだろう」
（未来）推量＝未＋む「～だろう」

※終止形接続のべし・まじ・らむはラ変型活用のものには連体形に付くので注意。
うつくしかる（体）べし、静かなる（体）まじ、べかる（体）らむなど。

例文①
いかに心もとなくおぼす（サ・四・終）らん（現在推量）。

訳 どれほど気がかりにお思いになっているだろう。

ゴ ラムちゃん今ごろ何しているだろう

18 主語が偉い人ならるらるは尊敬！

●助動詞るらるはP16で見たように①受身 ②尊敬 ③可能 ④自発、の四つの意味をもつ。
このうち最も大切な④自発に次いで入試に出てくるのは②尊敬だ。

尊敬のるらる

偉い人が主語～る・らる＝尊敬「～なさる・お～になる」

例文①

袖を引き放ちて逃げられけり。

（られ：尊敬「らる」用　けり：過去）

訳 定頼中納言は、袖を引き払って、あわててお逃げになっていった。

●るらるは尊敬の度合いとしてはかなり低く、給ふのほうが一般的。

●尊敬の度合いは、次のようになる。

るらる ＜ 給ふ ＜ せ給ふ
させ給ふ
しめ給ふ

19 にやの下に省略されているものは？

●にや、にかの下に省略されているものを平仮名三文字で答えよ、という問いが入試では頻出する。答えは「あらむ」だ。にこその場合も大切で、「あらめ」が答えになる。

「にや・にか」「にこその形

体言／連体形 ＋ にや↓ にか↓ （あらむ↑㊍）←省略語

体言／連体形 ＋ にこそ↓ （あらめ↑㊎）←省略語

この場合のには断定の助動詞なりの連用形

例文①

知られざりけるにや↓。

㊯ 予想外のことだったのであろうか。

※にや、にかのには断定の助動詞なりの連用形で、係助詞やかは疑問。そして下に「あらむ」が省略されているので、訳としては「〜であろうか」となるところも注意。

◆品詞分解チェック

（前略）

「丹後へつかはしける人は参りたりや。①いかに②心もとなくおぼす③らん。」と言ひ入れて、局《つぼね》の前を過ぎけるを、御簾《みす》よりなから④ばかり⑤出でて、⑥わづかに直衣《なほし》の袖を控へて

大江山いくのの道⑦の⑧遠けれ⑨ばまだふみもみず天《あま》の橋立《はしだて》

と詠みかけける。

⑩思はずに、あさましくて、「こはいかに、かかるやう⑪やは⑫ある。」とばかり言ひて、返歌《かへしうた》にも及ば⑬ず、袖を引き放ちて逃げ⑭られけり。

小式部これより歌詠みの世におぼえ⑮出で来にけり。これはうちまかせて、理運のことなれ⑯ども、かの卿《きやう》の心には、これほどの歌、ただいま詠み出だす⑰べしとは、知られ⑱ざりける⑲にや。

①副詞（疑問）
②ク・形容詞・用
③現在推量「らん」体（「いかに」の結び）
④副助
⑤ダ・下二・用
⑥ナリ・形動・用
⑦格助（主格）
⑧ク・形・已
⑨接助（確定条件）
⑩ナリ・形動・用
⑪係助（反語）
⑫ラ変・体（結び）
⑬打消「ず」用
⑭尊敬「らる」用
⑮カ変・用
⑯接助（逆接確定条件）
⑰可能「べし」終
⑱打消「ず」用
⑲断定「なり」用

第一部

8

更級日記《さらしなにっき》

作者

菅原孝標女《すがわらのたかすえのむすめ》

日記

平安時代中期

かくのみ思ひくんじたるを、心もなぐさめむと、心ぐるしがりて、母、物語などもとめて見せ給ふに、げにおのづからなぐさみゆく。紫のゆかりを見て、つゞきの見まほしくおぼゆれど、人かたらひなどもえせず。誰もいまだ都なれぬほどにて、え見つけず。いみじく心もとなく、ゆかしくおぼゆるまゝに、「この源氏の物語、一の巻よりして、みな見せ給へ」と、心の内にいのる。親の太秦《うづまさ》にこもり給へるにも、こと事なく、この事を申して、いでむまゝにこの物語見はてむと思へど、見えず。いとくちをしく、思ひなげかるるに、をばなる人の田舎よりのぼりたる所にわたいたれば、「いと

私がこんなふうにふさぎ込んでばかりいるのを、心も慰めようと苦心して、母が、物語などを探し求めて見せなさるので、なるほど母の配慮のとおりに自然と心が慰められていく。源氏物語の紫の上にまつわる巻を見て、続きが読みたく思われるが、人に相談することなどもできない。だれもまだ家の者は都に慣れていないころで、物語を見つけることができない。とても気がかりで、続きが見たく思われるので、「この源氏物語を、第一の巻から終わりまですべて見せてください」と心の中で祈る。親が太秦の広隆寺に籠りなさったときにも、他のことを祈ることもなく、このことだけをお祈りして寺から出たらすぐにこの源氏物語を全部読もうと思うけれど、見ることはできない。とても残念だと自然と思い嘆かれるときに、おばにあたる人で田舎から京に上っている人の所に親が私を行か

うつくしう生ひなりにけり」など、あはれがり、めづらしがりて、かへるに、「なにをかたてまつらむ。まめまめしき物はまさなかりなむ。ゆかしくし給ふなるものをたてまつらむ」とて、源氏の五十余巻、櫃《ひつ》に入りながら、『ざい中将』、『とをぎみ』、『せり河』、『しらゝ』、『あさうづ』などいふ物語ども、一袋とりいれて、えてかへる心地のうれしさぞいみじきや。

せたところ、おばが「とてもかわいらしく成人したことよ」などと、私のことをしみじみとかわいがり、珍しがって、帰りがけに、「何を差し上げようか。実用的なものはよくないでしょう。見たいとお思いになっていると聞いているものを差し上げよう」といって、源氏物語の五十余巻を箱に入ったまま全部、そのほか『在中将』、『とをぎみ』、『せり河』、『しらら』、『あさうづ』などという幾つかの物語を、一袋に入れて私にくれたのを、貰って帰る気持ちのうれしさといったらたいへんなものだった。

第一部 8

◆ 重要単語チェック

※ ▭ ＝文中での意味

くんず
① ふさぎこむ。気がめいる。
●クーン、ずっとふさぎこむ

こころぐるし
① 気の毒だ。② 気掛かりだ。心配だ。苦心する。
●所苦しそう、気の毒だ。気掛かりね

おのづから
① ひょっとして。② 偶然。たまたま。③ 自然と。ひとりでに。
●小野塚らはひょっとして 偶然 自然植物園へ行った？

こころもとなし
① 待ち遠しい。② 不安だ。気掛かりだ。③ ぼんやりしている。はっきりしない。
●所元金なし 不安だ。お金届くかはっきりしなくて待ち遠しい

ゆかし
① 見たい。聞きたい。知りたい。読みたい。② なんとなく慕わしい。
●ユカ知りたい

くちをし
① 残念だ。くやしい。情けない。② つまらない。もの足りない。
●口押し戻されて残念だ、もの足りないなあ

うつくし
① かわいい。かわいらしい。② きれいだ。③ 立派だ。みごとだ。
●うっ、つくしんぼかわいいぞ

まめ（なり）
① まじめなさま。② 実用的なさま。③ 勤勉なさま。
●マメはまじめだ、実用的だ

まさなし
① よくない。不都合だ。② 思いがけない。予想外だ。
●まさに梨、よくない

いみじ
① 程度がはなはだしい。② 素晴らしい。③ ひどい。大変だ。
●いいミジンコ、はなはだ 素晴らしい、いやひどい

08 ゴロゴプレミアム講義

『更級日記《さらしなにっき》』は平安時代中期の日記で、作者は**菅原《すがわらの》孝標女《たかすえのむすめ》**。成立はだいたい1060年前後だが、内容的には少女時代から夫と死別した晩年にいたるまでの数十年の回想記になっている。

菅原孝標女は少女時代『源氏物語』などを耽読した文学少女で、父の任国上総《かずさ》から帰京するやいなや、『源氏物語』を手に入れてむさぼるように読み尽くしたという経歴の持ち主。しかし成長するにつれ、現実世界の中で苦悩し、晩年に至るにつれ信仰に生きるようになる。

文章が中古のものとして非常にオーソドックスであり、文法的にも入試で出題しやすい要素を多く含むので、入試出典としては常に上位にランクされている。

今回扱った部分は、菅原孝標女の少女時代、上総から帰京した頃の回想部分で、『源氏物語』を手に入れた経緯とその喜びとを描いている。

ここでは「同格の『の』」と「『と』の前の『む』は意志」と「連用形＋『なむ』」を取り上げたが、**いずれも入試では超・頻出**のものばかり。ぜひ古文文法・虎の巻でしっかりとマスターしてほしい。

菅原孝標女は、父方の先祖に学問の神様「菅原道《すがわらのみち》真《ざね》」、母方の伯母に『蜻蛉日記《かげろうにっき》』を書いた「藤原道《ふじわらのみち》綱母《つなのはは》」をもつという超ーエリートの血筋。それゆえ『源氏物語』にあこがれるのは当然として、実は彼女は『更級日記』以外にも、**『夜《よる》の寝覚《ねざめ》』『浜松中納言《はままつちゅうなごん》物語《ものがたり》』**を書いたとも言われている。この二つの作品はどちらも『源氏物語』の影響を受けており、さすが菅原孝標女、という内容になっている。しかし、すごい血統だねぇ。

20 との前のむ（ん）は意志！

●推量の助動詞む（ん）はP53で勉強したが、文中で最もよく出てくるのが意志のむ（ん）だ。さらにこれが入試で問われる場合はむとという形の箇所に集中している。

意志のむ

未＋む／ん＝意志「～しよう」
と

↓

との前のむ（ん）は意志！と覚えよう。

例文①
心もなぐさめむ（意志）と、
訳 心も慰めようと、

例文②
いでむまゝにこの物語見はてむ（意志）と
訳 寺から出たらすぐにこの源氏物語を全部読もうと

例文③
「ゆかしくし給ふ（ハ・四・終）なる（伝聞）ものをたてまつらむ（意志）」とて、
訳 「見たいとお思いになっていると聞いているものを差し上げよう」といって、
※ここのなるは伝聞。四段動詞に付く場合、なりが伝聞・推定か断定かは見た目では区別が付かない。文脈判断になるので気をつけよう。

21 のはがーっと同格であって パート②

●格助詞**の**の主格の用法についてはP14で勉強したが、ここで格助詞**の**のすべての用法を整理しておこう。

格助詞ののの意味

① **主格**「～が」
② **連体修飾格**「～の」
③ **同格**「～で・～であって」
④ **体言の代用**「～のもの・～のこと」
⑤ **比喩**「～のように」

●この中で③**同格**が上位大学では頻出する。

過去問正解分析

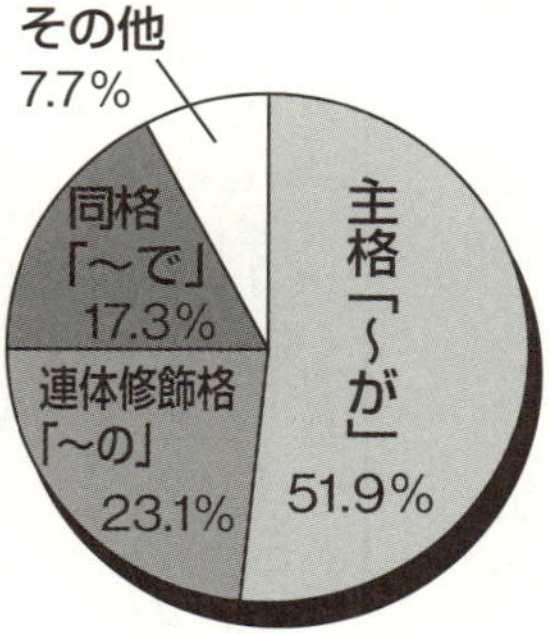

例文①

をばなる人の田舎よりのぼりたる所に
（条件①：をばなる人　同格：の　条件②：田舎よりのぼりたる）

訳 おばにあたる人で田舎から京に上っている人の所に

※ここでは「人」の二つの条件を同格の**の**でつないでいる。

条件① をばなる人
条件② 田舎よりのぼりたる人
この二つを同格の**の**でつないでいる。

古語の「の」は、「が」「で」と訳すのが大切！

第一部 8

22 連用形＋「なむ」は**な**と**む**に切れる！

●同形品詞識別の代表的なものとして「**なむ**」の識別がある。詳しくはＰ98で勉強するとして、ここでは**連用形に付く**「**なむ**」をマスターしよう。

連用形＋「なむ」

連用形＋「なむ」＝な（完了「ぬ」㊍）＋む（推量「む」）

完了**ぬ**はこの場合、強意の意味になり、訳をする必要はない。推量**む**は文脈によって、意志や適当・勧誘や婉曲などになるので注意が必要。Ｐ53参照。

●**なむ**が形容詞に付く場合、補助活用の連用形に付く。

例文①
まめまめしき物は**まさなかり**（形「まさなし」㊞）**な**（完了「ぬ」㊍）**む**（推量「む」㊦）。

訳 実用的なものはよくない**だろう**。

※―(し)かり**なむ**という形で覚えておこう。

●ちなみに同じ形容詞の連用形でも次の場合は「なむ」は係助詞。

例文②
まさなく（形「まさなし」㊞）**なむ**（係助詞）。

※形容詞の本活用の連用形の下には助動詞は付かない。上記との違いに注意。

◆品詞分解チェック

かくのみ思ひくんじたるを、心もなぐさめ**む**①と、心ぐるしがりて、母、物語などもとめて見せ給ふに、げにおのづからなぐさみゆく。紫のゆかりを見て、つゞきの見**まほしく**②**おぼゆれ**③ど、人かたらひなども**え**④せ**ず**⑤。誰もいまだ都なれぬほどにて、え見つけず。いみじく心もとなく、ゆかしくおぼゆるまゝに、「この源氏の物語、一の巻よりして、みな見せ**給へ**⑥」と、心の内にいのる。親**の**⑦太秦《うづまさ》にこもり給へ**る**⑧にも、こと事なく、この事を申して、いで**む**⑨まゝにこの物語見はて**む**⑩と思へど、**見え**⑪ず。いとくちをしく、思ひなげか**るゝ**⑫に、をばなる人**の**⑬田舎よりのぼりたる所に**わたい**⑭たれば、「いとうつくしう**生ひ**⑮**なり**⑯にけり」など、あはれがり、めづらしがりて、かへるに、「なにをかたてまつらむ。まめまめしき物はまさなかり**な**⑰**む**⑱。ゆかしく**し**⑲給ふ**なる**⑳ものをたてまつらむ」とて、(後略)

①意志「む」[終]
②願望「まほし」[用]
③ヤ・下二・[已]
④副詞(不可能)
⑤打消「ず」[終]
⑥ハ・四・[命](尊敬)
⑦格助(主格)
⑧完了「り」[体]
⑨婉曲「む」[体]
⑩意志「む」[終]
⑪ヤ・下二・[未]
⑫自発「る」[体]
⑬格助(同格)
⑭サ・四・[用](イ音便)
⑮ハ・上二・[用]
⑯ラ・四・[用]
⑰完了(強意)「ぬ」[未]
⑱推量「む」[終]
⑲サ変・[用]
⑳伝聞「なり」[体]

第一部
9
枕草子《まくらのそうし》

作者
清少納言《せいしょうなごん》

随筆
平安時代中期

もの見におそく出でて、ことなりにけり、白きしもとなど見つけたるに、近くやりよするほど、**わびしう**、下りても往《い》ぬ**べき**ここちこそすれ。知られじと思ふ人のある**に**、前**なる**人に教へてものいはせたる。**いつしか**と待ち出でたる稚児《ちご》**の**、五十《い》日《か》・百日《ももか》などのほどになりたる、行く末、いと**心もとなし**。

なにごとにもあれ、いそぎてものへ行く**べき**をりに、まづわが**さるべき**ところへ行くとて、ただいまおこせ**む**とて、出でぬる車待つほどこそ、いと**心もとなけれ**。大路《おほぢ》行きけるを、「**さななり**」とよろこびたれば、外《ほか》ざまに往ぬる、いと**くちを**

祭りの行列見物に遅く出掛けて、既に行列は始まってしまい、検非違使のつく白い杖などを見付けたのに、牛車を行列に近付ける間は、**つらく**、いっそ車から降りて歩いて行き**たい**気持ちがする。見にきていることを気づかれまいと思う人が目についた**ので**、前**に座っている**女房にわけを言って、応対させているのは、どうなることかと気が気でない。**早く早く**と待ちかねてやっと生まれてきた赤ん坊**が**、生後、五十日目・百日目の祝いのころになると、かえってこの子供の前途を思うと**不安になる**。

何事でもあれ、急用でどこかへ行か**なくてはならない**ときに、だれかが先に、自分が**しかるべき**ところへ行かなければならないと言い、すぐに車をお返しし**よう**と言って、出ていった車を待っている間は、大変**気がかりだ**。大通りを通っていった車を、「**帰ってきたらしい**」と喜ん

し。まいて、もの見に出でむとてあるに、「ことはなりぬらむ」と人のいひたるを聞くこそわびしけれ。

もの見、寺まうでなどに、もろともにあるべき人を乗せに行きたるに、車をさしよせて、とみにも乗らで待たするも、いと心もとなく、うちすてても往ぬべきここちぞする。また、人の歌の返しとくすべきを、え詠み得ぬほども心もとなし。懸《け》想《さう》人などはさしもいそぐまじけれど、おのづからまたさるべきをりもあり、まして、女も、ただにいひかはすことは、ときこそはと思ふほどに、あいなく　ひがごともあるぞかし。

でいると、別のほうへ行ってしまうのは、大変残念である。とりわけ、祭りの行列見物に出掛けようと思って待つうちに、「行列はもう通っているでしょう」と、だれかが言ったのを聞くのは、つらいことだ。

祭りの行列見物や、お寺参りなどで、一緒に行く予定になっている人を乗せに行ったときに、牛車の後の口を建物につけて待つが、すぐに乗らないでこちらを待たせるのも、大変気がかりで、捨てておいて出発してしまいたい気がする。また、人からの歌の返事は早くしなければならないのを、詠むことができないときも、気がかりだ。相手が恋人などである場合は、それほど急ぐ必要もないだろうが、自然とまた、急がねばならぬ場合もあり、まして、女性同士の場合も、直接にやりとりする歌の返事では、早いのがいいと思うので、つまらない返歌をして間違いをすることもあるものであるよ。

◆重要単語チェック

※ ［色付き］＝文中での意味

いつしか（＋願望）

●いつ鹿来るの？　早く見たい

① （下に願望表現を伴って）早く（〜したい・してほしい）

さるべき

●猿ベキッ、鹿ルベキッ！　当然　立派だ

① そうなるのが当然である。② そうなる運命にある。③ しかるべき。④ 立派な。

くちをし

●口押し戻されて残念だ、もの足りないなあ

① 残念だ。くやしい。情けない。
② つまらない。もの足りない。

とみ（なり）

●トミー君、急だ

① 急なこと。急ぎ。
② 急だ。すぐに。

え（〜ず）

●えー、ずっとできないの？

① （下に打消表現を伴って）〜することができない。

けさう

●けっそう変えて恋い慕う

① 恋い慕うこと。
② （「懸想人」で）恋人。

おのづから

●小野塚らはひょっとして偶然　自然植物園へ行った？

① ひょっとして。② 偶然。たまたま。
③ 自然と。ひとりでに。

あいなし

●愛なしではつまらない、わけもなく　ムカつくわ

① つまらない。② 気に食わない。
③ むやみに。わけもなく。

ひがごと

●東に後藤家は間違いだ

① 間違い。あやまり。
② 道理に外れた行為。悪事。

かし

●貸しだよね、と念を押す

① 〜よ。〜ね。

09 ゴロゴプレミアム講義

『枕草子《まくらのそうし》』は平安時代中期に成立した随筆で、作者は**清少《せいしょう》納言《なごん》**。父は清原元輔《きよはらのもとすけ》なので、清原元輔女《きよはらのもとすけのむすめ》とも言う。

一条天皇の**中宮定子《ちゅうぐうていし》**に仕え、紫式部と並び称された才女であったが、政権が藤原道長―中宮彰子《ちゅうぐうしょうし》に移るにつれ、中宮定子側は落魄《らくはく》していき（定子の兄、伊周《これちか》は左遷、隆家《たかいえ》は流罪）、清少納言も中宮定子没後は不遇であったと言われている（いつの世も負け組はツライね）。

清少納言の随筆『枕草子』の全体構成と詳しい内容については他書に譲るとして、今回取り上げた箇所は『枕草子』の典型的な文章のひとつで、清少納言が自分の価値観で物事をスパッと論じている箇所。

『枕草子』はよく**「『をかし』の文学」**と呼ばれる。「をかし」というのは「知的に興趣がある」ことを言うが、清少納言は身の回りの出来事や風物について、当時の女性らしい視点で書き記している。また宮中の見聞記の段で何人か登場人物がいる場合には、古文特有の「主語の省略」が起きるので、非常に読みづらく、受験生泣かせになる。

ただ『枕草子』の登場人物というのは、実は数が限られており、仕えた「中宮定子」を中心に、その夫である一条天皇や、上達部《かんだちめ》、殿上人《てんじょうびと》、そしてまわりの女房たち程度。そこで、ざっとでいいので清少納言をめぐる人間関係を把握しておくことが、入試で得点力をアップする最短の道ともいえる。

23 べしは「すいかゴロゴロとめてよ」!

●推量の助動詞と言われるべしだが、実は細かい意味は7つ以上ある。となるともちろん入試でも狙われるのだが、まずはその意味をゴロで覚えて整理してみよう!

●今回の『枕草子』には何個ものべしが出てきているが、意味の判断は文脈によるしかない。そこで、入試で問われたべしの正解分析を円グラフ化したものを見てみよう。

助助詞べしの7つの意味

よ=予定「~することになっている」
て=適当「~するのがよい」
め=命令「~しろ」
と=当然「~べきだ・~はずだ・~ねばならない」
ゴロゴロ
か=可能「~できる」
い=意志「~しよう」
す=推量「~だろう・~ちがいない」

過去問正解分析

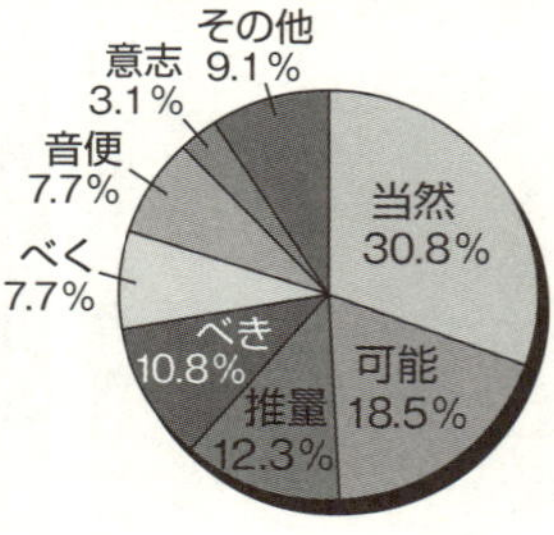

◆品詞分解チェック

もの見におそく出でて、こと①**なり**にけり、白きしもとなど見つけたるに、近くやりよするほど、わびしう、下りても②**往《い》ぬ**③**べき**ここち④**こそ**⑤**すれ**。知ら⑥**れ**⑦**じ**と思ふ人のあるに、前⑧**なる**人に教へてものいはせたる。いつしかと待ち出でたる稚児《ちご》⑨**の**、五十日《いか》・百日《ももか》などのほどになりたる、行く末、いと心もとなし。

なにごとにもあれ、いそぎてものへ行く⑩**べき**をりに、まづわがさるべきところへ行くとて、ただいまおこせ⑪**む**とて、出で⑫**ぬる**車待つほど⑬**こそ**、いと⑭**心もとなけれ**。大路《おほぢ》行きけるを、「さ⑮**な**⑯**なり**」とよろこびたれば、外《ほか》ざまに往ぬる、いとくちをし。まいて、もの見に出で⑰**む**とてあるに、「ことはなりぬらむ」と人のいひたるを聞く⑱**こそ**⑲**わびしけれ**。（後略）

①ラ・四・(用)
②ナ変・(終)
③意志「べし」(体)
④係助（強意）
⑤サ変・(已)（結び）
⑥受身「る」(未)
⑦打消意志「じ」(終)
⑧断定「なり」(体)（存在用法）
⑨格助（主格）
⑩当然「べし」(体)
⑪意志「む」(終)
⑫完了「ぬ」(体)
⑬係助（強意）
⑭ク・形・(已)（結び）
⑮断定「なり」(体)
（撥音便の無表記）
⑯推定「なり」(終)
⑰意志「む」(終)
⑱係助（強意）
⑲シク・形・(已)（結び）

第一部 10

源氏物語《げんじものがたり》

作者 紫式部《むらさきしきぶ》

物語 平安時代中期

紫の上、いたう**わづらひ**たまひし御心地の後《のち》いとあつしくなりたまひて、**そこはかとなく** **なや**みわたりたまふこと久しくなりぬ。いと**おどろおどろしう**はあらねど、年月《としつき》かさなれば、頼もしげなく、いとど**あえかに**なりまさりたまへるを、院の**おも**ほしなげくことかぎりなし。しばしにても**後《おく》れ**きこえたまはむことをばいみじかるべく思し、みづからの御心地には、この世に**飽《あ》かぬ**ことなく、**うしろめたき**絆《ほだし》**だに**まじらぬ御身なれば、**あながちに**かけとどめまほしき御命ともに思されぬを、**年ごろ**の**御契り**かけはなれ、思ひなげかせたてまつらむことのみぞ、人しれぬ御心の中にも

紫の上は、ひどく**病気をし**なさった御重病のとき以来、随分**病気が重く**なりなさって、**特にどこが悪いというのではない**が、ご**病気の状態**がずっと続いていた。取り立てて、**ぎょうぎょうしく**いうほどの御病状ではないけれども、病気になってから長い年月になるので、回復の望みもありそうになく、ますます**弱々しい御様子に**なりなさるので、源氏の君**が**お嘆きになることは、このうえもない。しばらくの間でも、紫の上に**先立たれて取り残され**申し上げなさるようなことを、とても堪えがたいことであろうとお思いになり、紫の上御自身のお気持ちとしては、この世に何一つ**もの足りない**こともなく、**心配で**死出の旅路の足手まといになるような子供**さえも**いないお身の上なので、**無理やりに**この世に生き続けたいお命ともお思いにならないが、**長年**連れ添った**夫婦の縁**を絶って、後に残

ものあはれに**思され**ける。後の世のためにと、尊きことどもを多く**せさせたまひつつ**、いかで**なほ本意**あるさまになりて、しばしもかかづらはむ命のほどは行ひを紛れなくと、**たゆみ**なく思《おぼ》しのたまへど、**さらに**許しきこえたまは**ず**。

る源氏の君を嘆かせ申し上げるようなことだけが、人知れぬお心の中にも**自然と**しみじみとものの悲しく**お思いになる**のであった。後世のためにと、尊い仏事をあれこれと数多く営ま**せなさりつつ**、なんとかして**やはり**かねての望みどおりの**出家**を遂げて、しばしの間でも生きている**ような**命のある限りは仏道修行を一筋にしたいと、**気を緩める**ことなくお考えになって口でもおっしゃるが、源氏の君は**まったく**お許し申しあげなさら**ない**。

第一部 10

◆重要単語チェック

※ ［ピンク色の枠］＝文中での意味

わづらふ

① 病気になる。 ② 苦しむ。悩む。 ③ 〜しかねる。

● わづらふ 鹿寝る、病気になる

そこはかとなし

① 特に理由はない。 ※ここでは「特にどこが悪いというのではない」と訳す。

● そこは柿と梨、特に理由はないけどね

なやむ

① 病気になる。 ② 非難する。 ③ 困る。 苦しむ。

● 悩むと病気になって苦しむ

あえか（なり）

① きゃしゃだ。 弱々しい。

● あーAカップ、きゃしゃだ

おくる

① 取り残される。 ② 死に遅れる。 先立たれる。 ③ 劣る。

● おークルクル、取り残されて死に後れる

うしろめたし

① 心配だ。 気掛かりだ。 ② うしろ暗い。 気がとがめる。

● 後ろの目、確かに心配だ

あながち（なり）

① 無理やりだ。 強引だ。 ② むやみだ。 ③ 度を越している。

● 穴が小さくなる。むっ闇だけど、無理やり進もう

ほい

① 本来の目的。 かねてからの願い。 ② 出家の願い。

● ほいほい出家が本来の目的

たゆむ

① 油断する。 気を緩める。 ② 疲れる。 ③ 油断させる。

● たゆむっ！ 油断するな

さらに

① （下に打消表現を伴って）まったく（〜ない）。

● つやつやの皿に すべって つゆをおほかたこぼしちまった、まったくついてないや。それでもあへて たえてる私

10 ゴロゴプレミアム講義

『源氏物語』は紫式部によって書かれた平安時代中期の物語。というか、日本文学史上最高の作品と言ってもいいものだろう。**全54帖**の長大な文章を、もし本当に紫式部一人で書いたのだとしたら、恐るべき才能であり、天才と呼びたい。

今回取り上げた箇所では、源氏の愛妻、紫の上が病気をして精神的にも弱り、かねてからの出家を切望するが、源氏は一向にそれを許す気がない、という箇所。紫の上は源氏にわずか10歳の時に見そめられ、その数年後に源氏に引き取られてから数十年、ただひたすらに源氏一筋の人生を歩んできた。

しかし、一方の源氏はというと、その間六条《ろくじょうの》御《み》息所《やすんどころ》や右大臣の六の君と恋愛をし、明石の君との間には子供（後の明石の中宮）まで作っておいて、その子を紫の上に育てさせ、最後にとどめを刺すかのように源氏40歳にして14歳の女三宮《おんなさんのみや》を正妻として迎えるなど、やりたい放題し放題……。

紫の上が人生について悩み、出家願望が増すのも当然で、そもそもの原因は源氏にあるのだから、紫の上に出家ぐらいさせてあげなさい、と忠告したくなるところだが、エゴイスト源氏は頑固にそれを許さない。結局紫の上は出家できないまま、源氏に愛された一生だったとは言え、なんともはかない生涯を閉じることになる（涙）。

源氏物語はストーリーがとにかく面白いので、勉強の息抜きとしてでもよいから関連書籍を読んでみることを強くお勧めする。漫画で読みたい人には**『あさきゆめみし』**（講談社）がオススメ！

24 ぬの識別は超・基本！

●識別問題としても大切だが、それ以上に読解に関係してくるのがぬの識別だ。ぬが完了か打消かで文脈は全くちがってしまう。

ぬの識別

ぬ

完了ぬの終止形「〜た」	な	に	ぬ(終)	ぬる	ぬれ	ね	→ 連用形に付く
打消ずの連体形「〜ない」	ず	ず	ず	ぬ(体)	ね	○	→ 未然形に付く
	ざら	ざり	○	ざる	ざれ	ざれ	

例文①
そこはかとなくなやみわたりたまふこと久しくなり（ラ・四・用）ぬ（完了「ぬ」終）。
訳 特にどこが悪いというのではないが、ご病気の状態がずっと続いていた。

例文②
うしろめたき絆だにまじら（ラ・四・未）ぬ（打消「ず」体）御身なれば、
訳 心配で死出の旅路の足手まといになるような子供さえもいないお身の上なので、

例文③
御命とも思され（自発「る」未）ぬ（打消「ず」体）を、
訳 お命ともお思いにならないが、

※ここは自発の「る」の未然形に打消「ず」の連体形が付いた形。

◆品詞分解チェック

紫の上、いたうわづらひたまひ①し御心地の後いとあつしく②なりたまひて、そこはかとなくなやみわたりたまふこと久しくなりぬ。いと③おどろおどろしうはあら④ねど、年月かさなれば、頼もしげなく、いとど⑤あえかになりまさりたまへ⑥るを、院⑦のおもほしなげくことかぎりなし。しばしにても後れ⑧きこえたまは⑨むことをばいみじかるべく思し、みづからの御心地には、この世に飽かぬことなく、うしろめたき絆⑩だにまじら⑪ぬ御身なれば、⑫あながちにかけとどめ⑬まほしき御命ともに思さ⑭れぬを、年ごろの御契りかけはなれ、思ひなげかせたてまつらむことのみ⑮ぞ、人しれぬ御心の中にもものあはれに思され⑯ける。後の世のためにと、尊きことどもを多く⑰せ⑱させ⑲たまひつつ、いかでなほ本意あるさまになりて、しばしもかかづらはむ命のほどは行ひを紛れなくと、たゆみなく思しのたまへど、⑳さらに許しきこえたまはず。

①過去「き」体
②ラ・四・用
③シク・形・用（ウ音便）
④打消「ず」已
⑤ナリ・形動・用
⑥完了（存続）「り」体
⑦格助（主格）
⑧ヤ・下二・用（謙譲）
⑨婉曲「む」体
⑩副助（類推）
⑪打消「ず」体
⑫ナリ・形動・用
⑬願望「まほし」体
⑭自発「る」未
⑮係助（強意）
⑯過去「けり」体（結び）
⑰サ変「す」未
⑱使役「さす」用
⑲ハ・四・用（尊敬）
⑳副詞（全否定）

◆助動詞接続ゴロまとめ

未然形接続の助動詞

●る《「る」》〜らる《「らる」》、す《「す」》〜さす《「さす」》、志村《「しむ」》ズ《「ず」》ラ。ジ《「じ」》ム《「む」》のムズ《「むず」》いマシ《「まし」》ーンでまほ死《「まほし」》んで、ミゼラブル《未然形接続》

①る ②らる ③す ④さす ⑤しむ ⑥ず ⑦じ ⑧む ⑨むず ⑩まし ⑪まほし

連用形接続の助動詞

●蹴っ《「けり」》たり《「たり」》、つ《「つ」》ぬ《「ぬ」》ったし《「たし」》、危《「き」》険《「けむ(けん)」》だよう《連用形接続》

①けり ②たり ③つ ④ぬ ⑤たし ⑥き ⑦けむ(けん)

終止形接続の助動詞

●ラム《「らむ」》ちゃんメリ《「めり」》ちゃん、なり《伝聞・推定「なり」》はべし《「べし」》っとマジ《「まじ」》らし《「らし」》いね、終始一貫《終止形接続》

①らむ ②めり ③なり(伝聞・推定) ④べし ⑤まじ ⑥らし

助動詞は意味・活用・接続すべてが必須知識！ 1日1助動詞のペースで完璧に覚えましょう。

第二部

重要単語・文法マスター編

第二部では、古文読解の要となる重要単語と重要文法をマスターすることが目標です。

単語を見たら、すぐにゴロが出てくるようになるまで反復練習しましょう。

この章を終える頃には古文に対する苦手意識が払拭できているはずです！

第二部

1 伊《い》勢《せ》物《もの》語《がたり》

作者未詳

歌物語

平安時代前期

むかし、水無瀬《みなせ》に通ひたまひし惟喬《これたか》の親王《みこ》、例の狩しにおはします供に、馬の頭《かみ》なるおきな仕うまつれり。日ごろ経て、宮にかへりたまうけり。御おくりしてとくいなむと思ふに、大御酒《おほみき》たまひ、禄《ろく》たまはむとて、つかはさざりけり。この馬の頭《かみ》、心もとながりて、

　枕とて草ひきむすぶこともせじ
　　秋の夜とだにたのまれなくに

とよみける。時は弥生《やよひ》のつごもりなりけり。親王おほとのごもらで明かしたまうてけり。かくしつつまうで仕うまつりけるを、思ひのほかに、御ぐしおろしたまうてけり。睦月《むつき》にをがみたてまつらむとて、小野《をの》にまうでたるに、比叡《ひえ》の山のふもとなれば、雪いと高し。

昔、水無瀬の離宮に通っていらっしゃった惟喬の親王が、いつものように狩りをしにいらっしゃるお供として、馬の頭である翁がお仕え申し上げた。数日滞在して、京の御邸にお戻りになった。翁はお送りして、早く帰ろうと思うが、親王は大御酒を下さり、御褒美を下さろうとして、お帰しにならなかった。この馬の頭は気掛かりに思って、

＝旅の枕として草を結ぶことはいたしますまい。秋の夜でさえ夜の長さを頼りにすることはできません。まして今は春なので早く退出させていただきとうございます。

と詠んだ。時は春の三月の終わりであった。親王はお休みにならないで夜を明かしなさった。このようにしつつ、お仕え申し上げていたのに、意外なことに親王は御髪を下ろして出家なさった。正月に拝謁し申し上げようとして、小野に参上したところ、そこは比叡山の麓なので、雪がたいそう深い。苦労し

しひて御室《みむろ》にまうでてをがみたてまつるに、**つれづれ**といともの悲しくておはしましければ、やや久しく**さぶらひ**ていにしへのことなど思ひいでて**聞え**けり。**さても**さぶらひ**てしがな**と思へど、おほやけごとどもありければ、**え**さぶらは**で**、夕暮にかへるとて、

忘れては夢かとぞ思ふおもひきや
　雪ふみわけて君を見むとは

とてなむ泣く泣く来にける。

て御庵室に参上して拝謁申し上げると、**所在なく**たいそう悲しくていらっしゃったので、しばらく**おそばにお仕えし**て、昔のことなど思い出してお話し**申し上げ**た。**このまま**おそばにお仕えし**たいものだ**と思うけれど、いろいろな公の行事があったので、お仕えすることも**できないで**、夕暮れに帰るといって、

＝現実であることを忘れて、夢ではないかと思います。想像していたでしょうか、このように雪を踏み分けてやってきて親王様にお会いしようとは。

といって泣く泣く帰ってきた。

◆重要単語チェック

※ [色付き] ＝文中での意味

●「例のをくれ」「いつものですね、旦那」

れいの
①いつもの。 ②普通の。 ③いつものように。

●徳光早く！

とく
①早く。 さっそく。 ②すでに。 とっくに。

●つかさはスコスコおやりになる

つかはす
①（人を）おやりになる。 お帰しになる。 ②お与えになる。 ③行かせる。

●ダニにせめてもらうだけでも、さえは幸せ

だに
①せめて～だけでも。 ②～さえ。

●タコ飲む男をあてにする

たのむ
①あてにする。 ②信頼する。 ③あてにさせる。 ④頼みに思わせる。

●オホホ、殿、ゴモラとルンルンお休みになる

おほとのごもる
①お休みになる。

●オロオロすっかり出家する

おろす
①出家する。 ②退出させる。 ③けなす。 悪く言う。

●まーうづうづ参る

まうづ
①参る。 参上する。 ②参詣する。

●てしか に鹿、食いたいものだ

てしがな
①［自己の願望］～したいものだ。

●えー、ずっとできないの？

え（～ず）
①（下に打消表現を伴って）～することができない。

11 ゴロゴプレミアム講義

『伊勢物語』も二回目の登場となるので、文学史的な解説は省略して、内容と文法の説明をくわしくやっていこう。

ここで扱った文法では、まず「打消語」が最重要。どんな上位大学においても、打消語は古文読解の鍵を握るもので、特に「ず」と「で」には気をつけよう。**「ず」**は活用の確認を必ずもう一度やること。**「で」**は「て」と読み間違えないこと。「出でて（＝出て）」と「出でで（＝出ないで）」だとまるで違うものになるぞ。実はこう言っている私自身が二次試験で「で」を見落として口語訳を間違ってしまったという苦い経験の持ち主なのだ（自己採点の時気が付いて真っ青になり、落ちたと思って実家に帰らず逃亡した……合格しててよかった）。

次に「意志・願望表現」をまとめておいたが、終助詞にはすべてゴロがあるので、訳はゴロで覚えるとして、接続や意味の確認をしておこう。また、**助動詞では圧倒的に「む」が大切**だが、**ためらいがちな意志・希望の「まし」が穴的存在**。反実仮想の「まし」だけしか覚えていないようでは入試では通用しないぞ。

さて今回の『伊勢物語』の内容は出家がらみ。惟喬《これたか》の親王《みこ》は血筋のうえで皇太子になれなかった不遇の親王。これはある意味『伊勢物語』の主人公の在原業平《ありわらのなりひら》と同じ境遇と言っていい。そこで、今回の内容もそうした惟喬の親王が突然出家したことに対して同情的な内容になっている。

「御髪《みぐし》おろす」は「出家する」ことだが、これ以外にも「頭《かしら》おろす・飾りおろす」、「世を出《い》づ・世を厭《いと》ふ・世を捨つ・世を背《そむ》く・世を遁《のが》る・世を離《はな》る」「かたちを変ふ・様を変ふ」などが**「出家する」**という意味をもつ。

25 打消語は超・大切！

●古文読解において打消語は最重要項目。とにかくまずは打消語をゴロで確認だ。

打消語

ゴ ずるずるじいさんまじ で なし

＝ず・じ・まじ・で・なし

●打消の助動詞**ず**はとにかく重要！ 活用するから気をつけよう。

●未然形に付く接続助詞**で**＝「～ないで」も読解上の鍵を握る。

●**じ**は**む**を打ち消したもの、**まじ**は**べし**を打ち消したもの（P60参照）なので、まずは**む**・**べし**の勉強をしっかりやろう。**なし**は形容詞。

例文①

禄たまはむとて、つかはさ（サ・四・未）ざり（打消「ず」用）けり。

訳 ご褒美を下さろうとして、お帰しにならなかった。

例文②

えさぶらは（ハ・四・未）で（打消の接助）、

訳 お仕えすることもできないで、

26 副助詞だにには類推か最低限！

● 副助詞には だに すら のみ など さへ し ばかり まで があり、その中で だに が最も大切。

ゴ ダニ スラ ノミ など さへ 芝刈り まで する
＝ だに すら のみ など さへ し ばかり まで （する）

● 副助詞 だに には次の二つの意味がある。

副助詞だに

① **類推**「〜さへ」
⬇ 軽いものをあげて、言外に重いものを類推させる。

② **最低限**「せめて〜だけでも」

例文①
秋の夜とだに《類推》たのまれなくに。
訳 秋の夜でさえ夜の長さを頼りにすることはできません。
※言外に「まして今は春なので早く退出させていただきとうございます」が隠されている。

例文②
影だに《最低限》あらばとふべきを。
訳 （泔杯の水に）せめてあなたの面影だけでも浮かべば尋ねることもできるのに。

27 意志・願望表現の総まとめ！

●終助詞を中心に意志・願望をまとめて覚えてしまおう！　大半が『古文単語ゴロゴ』に収録されているので、ゴロの確認にもなるはずだ。

意志・願望表現

終助詞	助動詞
未＋なむ＝他への願望の終助詞　ゴ なむなむしてほしい	未＋まし＝ためらいがちな意志・希望「〜しようかしら」
未＋ばや＝自己の願望の終助詞　ゴ 婆ーやは死体	未＋む（ん）＝意志「〜しよう」
用＋てしが（な）にしが（な）＝自己の願望の終助詞　ゴ てしか に鹿食いたいものだ	未＋まほし＝自己の願望「〜したい」
種々の語＋もが もがな もがも＝願望の終助詞　ゴ もー、ガーナチョコがあればなぁ	

例文①

さても さぶらひ（用） てしがな（終助） と思へど、

訳 このままおそばにお仕えしたいものだと思うけれど、

◆品詞分解チェック

むかし、水無瀬に通ひたまひ①し惟喬の親王、例の狩しにおはします供に、馬の頭②なるおきな仕うまつれ③り。日ごろ④経て、宮にかへり⑤たまうけり。御おくりしてとく⑥いな⑦むと思ふに、大御酒たまひ、禄たまはむとて、つかはさ⑧ざりけり。この馬の頭、心もとながりて、

枕とて草ひきむすぶこともせ⑨じ秋の夜と⑩だにたのま⑪れなくに

とよみける。時は弥生のつごもりなりけり。親王おほとのごもらで明かしたまう⑫てけり。（中略）さてもさぶらひ⑬てしがなと思へど、おほやけごとどもありければ、⑭え⑮さぶらは⑯で、夕暮にかへるとて、

忘れては夢かとぞ思ふおもひきや雪ふみわけて君を見むとは

とて⑰なむ泣く泣く⑱来⑲に⑳ける。

①過去「き」(体)
②断定「なり」(体)
③完了「り」(終)
④ハ・下二・(用)
⑤ハ・四・(用)（ウ音便）
⑥ナ変・(未)
⑦意志「む」(終)
⑧打消「ず」(用)
⑨打消意志「じ」(終)
⑩副助（類推）
⑪可能「る」(未)
⑫完了（強意）「つ」(用)
⑬終助（願望）
⑭副詞（全否定）
⑮ハ・四・(未)（謙譲）
⑯接助（打消）
⑰係助（強意）
⑱カ変・(用)
⑲完了「ぬ」(用)
⑳過去「けり」(体)（結び）

第二部

2

大和物語《やまとものがたり》

作者未詳

歌物語

平安時代中期

昔、奈良の帝に仕うまつる采女《うねべ》ありけり。顔**かたち**いみじう**清らに**て、人々**よばひ**、殿上人《てんじゃうびと》なども**よばひ**けれど、**あは**ざりけり。そのあはぬ心は、帝を限りなく**めでたき**ものになむ思ひたてまつりける。帝召してけり。さて、のち、またも召さざりければ、限なく**心憂し**と思ひけり。夜昼、心にかかりておぼえたまひつつ、恋しう、**わびしう**おぼえたまひけり。帝は召ししかど、こととおぼさず。**さすがに**、常は**見えたてまつる**。**なほ世に経《ふ》まじき**心地しければ、夜、**みそかに**出でて、猿沢の池に身を投げてけり。かく投げつとも、帝は**え知ろしめさざりける**を、ことの**ついで**ありて、**人の奏し**ければ、聞こしめしてけり。いといたうあはれがり

昔、奈良の帝にお仕えしている采女がいた。容貌がたいそう美しくて多くの人々が求婚し、殿上人なども求婚したけれど、結婚しなかった。その結婚しない本心は、帝をこの上なく素晴らしい方としてお慕い申し上げていたからである。ある時帝がその采女をお召しになった。しかし、その後は二度とはお召しにならなかったので、采女はこの上なくつらいと思っていた。夜も昼も帝のことが気にかかって、お慕い申し上げては、恋しくつらく思い申し上げているのであった。帝はお召しになったのだけれど、采女のことを特にどうともお思いになっていない。そうはいうものの、いつも采女は帝にお目にかかっている。やはりこれ以上生きていけそうにない気持ちがしたので、采女はある夜ひそかに出て行って、猿沢の池に身を投げてしまった。采女はこのように身を投げてしまったとも、帝は御存知にはなれなかったが、ある機会があって、ある人が帝に申し

たまひて、池のほとりに大御幸《ごかう》したまひて、人々に歌よませたまふ。柿本の人麿、

わぎもこが寝くたれ髪を猿沢の

池の玉藻と見るぞかなしき

とよめるときに、帝、

猿沢の池もつらしなわぎもこが

玉藻かづかば水ぞひなまし

とよみたまひけり。さてこの池に墓せさせたまひてなむ、かへらせおはしましけるとなむ。

上げたので、お知りになった。帝はたいそうひどく気の毒にお思いになって、池のほとりにお出かけなさって、人々に歌を詠ませなさる。柿本人麿が、

＝いとしい乙女の寝乱れ髪を、猿沢の池の美しい藻と思って見るのはとても悲しいことです。

と詠んだ時に、帝は、

＝猿沢の池も薄情なことだ。いとしい乙女が池に沈んで、美しい藻の下に潜ったならば、水が干上ればよかったのに。

とお詠みになった。こうしてこの池に墓を作らせなさって、帝はお帰りになったということである。

◆重要単語チェック

※ ■＝文中での意味

きよら（なり）
●きよしララ、**美しい**
①美しい。②清らかである。

あふ
●あぁ、ふと**結婚する**
①結婚する。②出会う。対面する。③出くわす。適合する。

こころうし
●所、牛になるのは**つらい**
①つらい。情けない。②不安だ。

わびし
●ワサビしみるー、**貧乏**は**つらく**て**もの悲しい**
①つらい。②もの悲しい。③貧しい。④興ざめだ。

さすがに
●さすが忍者、**とはいってもやはり**
①そうはいってもやはり。

なほ
●なほ子は**やっぱり**かわいい
①やはり。②それでもやはり。③さらに。もっと。

みそか（なり）
●味噌買いに**こっそり**
①こっそり。ひそかに。

ついで
●ついでの**機会**に**順番**待ち
①機会。折。②順番。順序。

けいす・そうす
●けいすけ、そうすけに**申し上げる**
①申し上げる。

かづく
●カズ君、**潜って褒美をもらう**
①水中に潜る。②褒美としていただく。③褒美として与える。

12 ゴロゴプレミアム講義

『大和物語』も二回目の登場。今回のお話は悲恋話。帝に恋い焦がれた美しい女性が、その愛を貫くために池に身を投げて死んでしまうというもの。

今回は**『万葉集』を代表する大歌人、柿本人麻呂《かきのもとのひとまろ》**が歌を詠み、また帝も自分の悲しい気持ちを歌い上げている。今回の古文文法・虎の巻では取り上げなかったが、「かづかば～まし」という箇所が反実仮想になっており、解釈上とても大切。

「まし」という助動詞は「未然形＋ば～まし」という形で反実仮想を表すもので、多くは「ましかば～まし」「ませば～まし」となる。今回のように「かづかば～まし」となっても基本的には同じなので、あわてないあわてない。ただ、古文文法・虎の巻でも取り上げているように、「なまし」の「な」が強意の助動詞「ぬ」の未然形であることには注意してほしい。

反実仮想というのは「現実の反対を仮に想像する」という意味で、ここでは「乙女が池の美しい藻の下に潜ったならば、水が干上がればよかったのに」と言っているわけだから、現実には「乙女が身を投げたのに、水は干上らなかった（から死んでしまった）」ということになる。ちょっと悲しい現実だね（涙）。

古文文法・虎の巻で取り上げた**「なむ」の識別は超・重要文法**で、今回の文章では、係助詞の「なむ」が三つ出てきている。そのうちの二つは「なむ→ける」「なむ→ける」と**係り結び**を形成しているが、最後の「となむ」の箇所は結びが省略されている。ここでは「聞く」あるいは「いふ」が省略されており、「～と聞いている」「～ということだ」の部分を補ってやることが必要になる。**説話の終わりは今回のように「となむ」となることが多い**ので、ここで覚えておこう。

28 「なむ」の識別をマスターしよう！

● 「**なむ**」の識別は識別問題の基本！ ここで今までの知識を総整理するつもりでしっかりとマスターしよう。

「なむ」の識別

①	②	③
未然形＋なむ	**連用形＋なむ**	**その他＋なむ**
⬇ 他への願望の終助詞「〜してほしい」	⬇ 完了（強意）ぬの未然形＋推量む ※むの意味の違いによって訳も変わる。	⬇ 係助詞なむ

例文①

花咲か（未）なむ（終助）。

訳 花が咲いてほしい。

例文②

花咲き（用）なむ。 な＝完了（強意）「ぬ」（未） む＝推量「む」（終）

訳 花が（きっと）咲くだろう。

例文③

花なむ咲く（体）。

訳 花が咲く。

※係助詞なむの場合、文末が結びで連体形になる場合と、なむ自体が文末にきて、結びが省略される場合とがある。

※形容詞＋なむの場合、注意が必要！ 詳細はP70参照。

29 見ゆと見るは別の活用語！

●見えの終止形は？　と尋ねると見るです！　と答える受験生がいるので、そういう時は「浪人するぞ〜！」とオドすことにしている。答えは見ゆだ。

見ゆ≠見るで、まったく違う活用の種類の動詞だ。

見ゆ・ヤ行下二段　見え｜見え｜見ゆ｜見ゆる｜見ゆれ｜見えよ
≠
見る・マ行上一段　見｜見｜見る｜見る｜見れ｜見よ

●ちなみに上一段活用の動詞は、全部で十数種類しかない。次のゴロで覚えよう。

上一段活用動詞

ゴ
ひ　干る　ハ行
い　鋳《い》る・射《い》る　ヤ行
き　着る　カ行
に　似る・煮る　ナ行
み　見る　マ行
ゐ　率《ゐ》る・居《ゐ》る　ワ行
る　（率《ひき》ゐる・用ゐる）　ワ行

↑上一段動詞は「ひいきにみゐる」！

このニつの行の違いに注意！

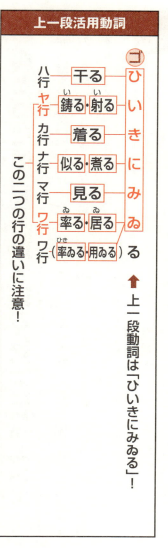

30 ぬとつには「完了」以外に「強意」の意がある！

●「助動詞＋助動詞」という形をとるものを複合助動詞と呼ぶ。特に完了ぬと完了つがこの形を取ることが多く、その場合、ぬとつは「完了」の意味がなくなり、下の助動詞の意味を強める「強意」となる。

ぬとつの強意の用法

連用形＋

なむ・なまし・ぬべし・ぬらむ ＝強意

連用形＋

てむ・てまし・つべし・つらむ ＝強意

↓

強意の用法の時は ぬ・つは 特に訳さない。

例文①

玉藻かづか（カ・四・未）ば（接助）水ぞひな（強意「ぬ」未）まし（反実仮想「まし」終）

訳 美しい藻の下に潜ったならば、水が干上がればよかったのに。

※「かづかば〜まし」のところは反実仮想。強意のぬの未然形ながそれを強めている。

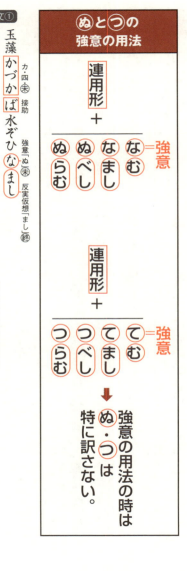

◆品詞分解チェック

（前略）

さすがに、常は①**見え**たてまつる。なほ世に②**経**③**まじき**心地しければ、夜、みそかに出でて、猿沢の池に身を投げてけり。かく投げ④**つ**⑤**とも**、帝はえ知ろしめさざりけるを、ことのついでありて、人の奏しければ、聞こしめしてけり。いといたうあはれがりたまひて、池のほとりに大御幸したまひて、人々に歌よま⑥**せ**⑦**たまふ**。柿本の人麿、

　わぎもこが寝くたれ髪を猿沢の池の玉藻と⑧**見る**⑨**ぞ**⑩**かなしき**

とよめるときに、帝、

　猿沢の池もつらしなわぎもこが玉藻⑪**かづか**⑫**ば**水ぞ⑬**ひ**⑭**な**⑮**まし**

とよみたまひけり。さてこの池に墓⑯**せ**⑰**させ**⑱**たまひ**て⑲**なむ**、かへらせおはしまし⑳**ける**となむ。

①ヤ・下二・用
②ハ・下二・終
③不可能「まじ」体
④完了「つ」終
⑤接助（逆接仮定条件）
⑥使役「す」用
⑦ハ・四・終（尊敬）
⑧マ・上一・体
⑨係助（強意）
⑩シク・形・体（結び）
⑪カ・四・未
⑫接助（順接仮定条件）
⑬ハ・上一・用
⑭完了（強意）「ぬ」未
⑮反実仮想「まし」体
⑯サ変・未
⑰使役「さす」用
⑱ハ・四・用（尊敬）
⑲係助（強意）
⑳過去「けり」体（結び）

第二部 3

土佐日記《とさにっき》

作者 紀貫之《きのつらゆき》

日記 平安時代前期

夜ふけて来れば、所々も見えず。京に入り立ちてうれし。家に至りて、門《かど》に入るに、月明《あか》ければ、いとよくありさま見ゆ。聞きしよりもまして、**いふかひなく**ぞ**こぼれ**破《や》れたる。家に預けたりつる人の心も、荒れたる**なりけり**。中垣《なかがき》**こそあれ**、一つ家のやうなれば、望みて預かれる**なり**。**さるは**、便りごとに物も絶えず得させたり。今夜《こよひ》、かかることと、声高《こわだか》にものもいはせず。いと**つらく**見ゆれど、志はせむとす。

さて、池めいてくぼまり、水つける所あり。ほとりに松もありき。五年六年《いつとせむとせ》のうちに、千年《ちとせ》や過ぎ**にけむ**、かたへはなくなりにけり。今生《お》ひたるぞまじれ**る**。大方のみな荒れにたれば、あはれとぞ、人々いふ。思ひ

夜が更けてから京に入って来たので、あちらこちらの様子がよく見えない。しかし、京の町中に入っていくのでうれしい。我が家に到着して、門から入ると、月が明るいので、とてもよく家の様子が見える。噂に聞いていた以上に、何とも言いようがないほど家は壊れ破損している。私の家に預けておいた隣人の心も、この家同様に荒廃したのであった。隣家との間に隔ての垣はあるけれども、一つの屋敷のようなので、隣人が自ら希望して預かったのである。そうではあるが、ついでのあるたびに品物を絶えず隣人に与えてやっていた。それでも私は今夜、「この様子はひどい」と家来たちに大声で言わせない。実に薄情だと思われるけれども、私は隣人に謝礼はするつもりだ。

さて、池のようになってくぼんで、水がたまっている所がある。そのそばには松もあった。この五年か六年のうちに千年が過ぎてしまったのだろうか、片方の松はなくなってしまった。今新しく生えた松が混じっている。だいたいが皆荒れてしまっている

出でぬことなく、思ひ恋しきがうちに、この家にて生まれし女子**の**、もろともに帰らねば、**いかがは**悲しき。船人も、みな子たかりて**ののしる**。かかるうちに、**なほ**悲しきに堪へずして、ひそかに心知れ**る**人といへりける歌、

生《む》まれしも帰らぬものをわが宿《やど》に
　小松のあるを見るが悲しさ

とぞいへる。なほ**飽かず**やあらむ、またかくなむ。

見し人の松の千年に**見ましかば**
　遠く悲しき別れ**せましや**

忘れ難く、**口惜《くちを》しき**こと多かれど、**え**尽くさ**ず**。とまれかうまれ、**疾く**破《や》り**てむ**。

ので、「ああ、ひどい」と、人々は言う。当時を思い出さないことはなく、悲しく恋しく思われる中で、この家で生まれた女の子**が**、土佐在中に亡くなって一緒に帰らないので、**どれほど**悲しいことか。船で同行帰京した人々も、皆子供がむらがって**騒いでいる**。こうした騒ぎの中で、**やはり**悲しみに堪えかねて、こっそり気持ちのわかっ**ている**人（＝妻）と詠みかわした歌、

＝この家で生まれた娘が土佐で死んで私とともに帰ってこないのに、留守の我が家に小松が新たに生えているのを見るのが悲しいことよ

と言ったことだ。それでもやはり**もの足りない**のだろうか、またこうも歌を詠んだ。

＝いつもそばで見ていた我が子が、松のように千年も、長く生きているのを私がもし**見ることができたなら**、遠い土佐で悲しい死に別れを**しただろうか、いやそんなことはなかったろう**。

忘れ難く、**心残りな**ことが多いけれども、**とても**書き尽く**せない**。とにもかくにも、**早く**この日記を破り捨て**てしまおう**。

◆重要単語チェック

※ ＝文中での意味

いふかひなし

① どうしようもない。なんともいいようがない。 ② つまらない。 ③身分が低い。

●誘拐なしはつまらない

こぼつ

① 壊す。打ち崩す。 ② 削る。落とす。

●コボちゃんツッパリ皿壊す

こそ〜已然形、…

① 〜けれども、……。〜のに、……。

●こそドロ、以前刑事だったけれども

さるは

① そうだけれども。 ② そうであるのは。

●猿は そうだけれども

つらし

① 薄情だ。思いやりがない。 ② 耐え難い。苦しい。

●つら知ってるのに薄情だ、耐え難い

ののしる

① 大声で言い騒ぐ。 ② 評判が立つ。 ③ 今を時めく。威勢がいい。

●脳の汁が大声立てると大評判

なほ

① やはり。 ② それでもやはり。 ③ さらに。もっと。

●なほ子はやっぱりかわいい

あかず

① もの足りない。満足しない。 ② 嫌にならない。飽きない。

●あかずの扉じゃもの足りない、赤ずきん、着ていても嫌にならない

え（〜ず）

① （下に打消表現を伴って）〜することができない。

●えー、ずっとできないの？

とし

① （時期が）早い。 ② （速度が）速い。

●年を取るのは早い

13 ゴロゴプレミアム講義

『土佐日記《とさにっき》』は紀貫之《きのつらゆき》によって書かれた平安時代前期の作品で、仮名で書かれた日記文学の最初のもの。

その冒頭文、「男もすなる日記といふものを女もしてみんとてするなり」というのを、一度は聞いたことがあるだろう。この文を暗記すると、助動詞「なり」の識別にも強くなるので、何度か口に出して読んでみよう。

「す／なる」は「終止形＋なり」になっているので、「なり」は伝聞推定。「する／なり」は「連体形＋なり」なので、「なり」は断定だ！

今回の古文文法・虎の巻で最も大事なものとしては、「こそ〜已然形、下へ続く」＝逆接「〜けれども」、というものがある。

係助詞「こそ」は文末を已然形で結ぶ（係り結び）が、そこで文が終止せず下へ続く場合は逆接になる。口語訳としては「〜けれども・〜のに・〜が」があたる。これは入試文法、あるいは解釈においても非常に重要で、出題頻度も高いものだ。古文文法・虎の巻を読んで、しっかりマスターしておこう。

さて話を『土佐日記』に戻そう。『土佐日記』は紀貫之が土佐守《とさのかみ》の任期を終えて都へ帰る道中の数カ月を記した旅日記ともいえるもので、**935年に成立**した。女性に仮託（＝かこつけること）し、仮名文で書いたところがなかなかおもしろい。紀貫之はもちろん男性なので、なぜここで女性のふりをしなければならなかったかと言えば、原因としては「仮名」を使うのは主に女性だったということがあげられる。当時男性は漢文で日記を書いていたのだ。

おかげで**『土佐日記』は仮名で書かれた日記として残ったのは日本初の記念碑的作品として**だから、紀貫之も草葉の陰で満足しているはずだ。

31 こそドロ、以前刑事だったけれども

已然形、(下に続く)　逆接

●文中に係助詞**こそ**があると文末が已然形になる。これを「係り結び」と言うが、このとき、結びが文末ではなく、文の途中にあり下に続いていくと**逆接**になるのだ。

逆接表現

こそ～已然形、……(下へ続く) ＝ ～けれども・～のに・～が

例文①

中垣こそあれ、一つ家のやうなれば、

（こそ：係助　あれ：已　、：下へ続く）

訳 隣家との間に隔ての垣はあるけれども、一つの屋敷のようなので、

例文②

色こそ見えね香やは隠るる

（ね：打消「ず」已　やは：反語　隠るる：体）

訳 色は見えないけれども香りが隠れるだろうか、いや隠れはしない。

※和歌の場合は下に続いていく場合でも結びの已然形の下に「、」がないので注意。

32 ヤ行下二段活用動詞は活用の行に注意！

活用の行に気をつける動詞

①上一段活用	率《ゐ》る・居《ゐ》る＝ワ行 鋳《い》る・射《い》る＝ヤ行 ※P99参照
②上二段活用 下二段活用	―uる＝連体形 ―uれ＝已然形 ↓ uのところの行が活用の行 ※P24参照
③特殊な下二段活用	得《う》・寝《ぬ》・経《ふ》 ※P45参照
④ワ行下二段活用	植う・飢う・据う ↓ ゑ―ゑ―う―うる―うれ―ゑよ
⑤ヤ行下二段活用	見ゆ・覚ゆ・聞こゆ・消ゆ・冷ゆ・絶ゆ など ↓ え―え―ゆ―ゆる―ゆれ―えよ

例文①

ヤ・下二・未

物も絶えず得させたり。

訳 品物を絶えず隣人に与えてやっていた。

33 反実仮想「ましか ば ～まし」は大切！

●助動詞の中でも反実仮想は特殊な形をとり、口語訳もむずかしい。しっかり勉強してマスターしよう。

反実仮想 まし

ましか
ませ
せ
㊍
ば ～ まし

訳 仮に～だったならば、～だったろうに。

※ましかとませはともにましの未然形。ただしませの方は古い形なので中古以降はましかを使うのが普通。
※せは過去のきの未然形。過去きの未然形が使われるのは、この反実仮想の「せば～まし」の形のときだけ！

例文①

～見ましかば遠く悲しき別れせましや

「まし」㊍　接助　「まし」㊦

訳 仮に見ることができたならば、遠い土地で悲しい死に別れをしなかっただろうに。

◆品詞分解チェック

夜ふけて来れば、所々も見えず。京に入り立ちてうれし。家に至りて、門に入るに、月明けれ①ば、いとよくありさま見ゆ。聞きしよりもまして、いふかひなくぞこぼれ破れたる。家に預けたりつる人の心も、荒れたるなりけり。中垣こそ②あれ③、一つ家のやうなれば、望みて預かれる④なり⑤。さるは、便りごとに物も絶え⑥ず得⑦させ⑧たり。今夜、かかることと、声高にものもいはせず。いとはつらく見ゆれ⑨ど、志はせ⑩む⑪とす。（中略）

生まれし⑫も帰らぬものをわが宿に小松の⑬あるを見るが悲しさとぞいへる。なほ飽かずやあらむ、またかくなむ。

見し⑭人の⑮松の千年に見ましか⑯ば⑰遠く悲しき別れせまし⑱や

忘れ難く、口惜しきこと多かれど、え尽くさず。とまれかうまれ、疾く破りて⑲む⑳。

①ク・形・㊀
②係助（強調逆接）
③ラ変・㊀（結び）
④完了「り」㊡
⑤断定「なり」㊣
⑥ヤ・下二・㊍
⑦ア・下二・㊍
⑧使役「さす」㊞
⑨ヤ・下二・㊀
⑩サ変・㊍
⑪意志「む」㊣
⑫過去「き」㊡
⑬格助（主格）
⑭過去「き」㊡
⑮格助（連用修飾格）
⑯反実仮想「まし」㊍
⑰接助（仮定条件）
⑱反実仮想「まし」㊣
⑲完了（強意）「つ」㊍
⑳意志「む」㊣

第二部
4
蜻蛉日記《かげろうにっき》

作者
藤原道綱母《ふじわらのみちつなのはは》

日記
平安時代中期

心のどかにくらす日、**はかなき**こと、いひいひのはてに、われも人もあしういひなりて、うち怨《えん》じて、出づるになりぬ。端のかたにあゆみいでて、幼き人をよびいでて、「われは**今は**来じとす」などいひおきて、いでにける**すなはち**、這《は》ひ入りて**おどろおどろしう**泣く。「こはなぞなぞ」といへど、**いらへ**もせで、**論なう**、さやうにぞあらんと、**おしはからるれ**ど、人**の**きかむもうたて物狂ほしければ、とひさして、とかう**こしらへ**てあるに、五六日ばかりになりぬるに、**音もせず**。**れいならぬ**ほどになりぬれば、「あな物狂ほし。戯《たは》ぶれごとと**こそ**、われはおもひ**しか**、**はかなき**なかなれば、かくてやむやうもあり**なむ**かし」とおもへば、心ぼそ

心も穏やかに暮らしていたある日、**たわいもない**ことを互いに言いあってのあげくに、私も夫ものしりあって、夫の兼家が嫌味をいって帰ることになってしまった。夫は縁側の方に歩き出しながら、幼い道綱を呼び出して、「父さんは、**もう**ここには来ないつもりだよ」などと言い捨てて出ていった。**すぐに**道綱は部屋に入ってきて、**仰々しく**声をあげて泣く。「いったいこれはどうしたの、どうしたの」と私がいっても、道綱は**返事**もしないでいる。**言うまでもなく**、夫の残した言葉のせいであろうと**自然と推測される**が、侍女**が**聞くのも**ひどく**ばかげているので、尋ねるのを途中でやめて、あれこれと**なだめすかし**ておいたところ、それから五、六日もたつのに夫からは**何の便りもない**。**いつも以上に**訪れのない日が重なってしまったので、「ああ、ばかばかしい。冗談だとばかり私は思っていた**のに**、**あてにならない**私たちの夫婦仲だから、

うて**ながむる**ほどに、いでし日つかひしゆするつきの水は、**さながら**ありけり。上に塵《ちり》ゐてあり。かくまでと、**あさましう**、

たえぬるか影**だに**あらばとふべきを
かたみの水は水草《みくき》ゐにけり

など、おもひし日しも見えたり。**れいの**ことにてやみにけり。

かやうに胸つぶらはしきをりのみあるが、世に心ゆるびなきなむ、**わびしかり**ける。

このままで夫婦の縁が切れてしまうようなこともきっとある**だろう**よ」と思うと心細くて**もの思いにふけっている**時に、夫が去っていった日の朝に使った泔杯の水が、**ずっとそのままで**あったのに気づいた。上にはほこりが浮いている。こんなにほこりが浮くまで長い間夫の訪れがなかったのだ、と**驚き呆れて**、

＝あなたと私の夫婦の仲は絶えてしまったのかしら？　あなたの残していった泔杯の水に**せめて**あなたの面影**だけでも**浮かべば尋ねることもできるのに、形見の水には水草が浮かんでいて、あなたの面影が映らないので尋ねることもできないわ。

などと夫のことを思っていたちょうどその日に夫が姿を見せた。**いつもの**調子で夫婦げんかもうやむやのまま終わってしまった。

　このように胸のつぶれるような思いをすることばかりあって、少しも心の休まることのないのが**つらい**ことだった。

◆重要単語チェック

はかなし
●ハーかなしいわ、ちょっと 頼りなくてむなしいわ
①頼りない。②むなしい。③ちょっとしたことである。④取るに足りない。

すなはち
●砂は血だらけ、すぐに110番
①すぐに。たちまち。②即座。③そこで。とりもなおさず。

おどろおどろし
●踊ろ踊ろ、尻ふりダンスは気味が悪くておおげさだ
①気味が悪い。恐ろしい。②おおげさだ。仰々しい。

いらふ・いらへ
●イラフ人、いらへんでも返事せい
①返事をする。②返事。

うたて
●歌ってみると、ますますひどい、情けない
①ますます。ますますひどく。②嫌だ。情けなく。③異様に。気味悪く。

※ ＝文中での意味

こしらふ
●腰フラフラで言葉巧みに なだめる
①なだめる。なぐさめる。②とりつくろう。言葉巧みに誘う。

こそ〜已然形、…
●こそドロ、以前刑事だったけれども
①〜けれども、……。〜のに、……。

ながむ
●長嶋無理にもの思う、長嶋無理に歌を詠む
①もの思いに沈んでぼんやりと見る。②詩歌を節をつけて口ずさむ。

だに
●ダニにせめてもらうだけでも、さえは幸せ
①せめて〜だけでも。②〜さえ。

わびし
●ワサビしみるー、貧乏はつらくてもの悲しい
①つらい。②もの悲しい。③貧しい。④興ざめだ。

14 ゴロゴプレミアム講義

『蜻蛉日記《かげろうにっき》』は藤原道綱母《ふじわらのみちつなのはは》によって書かれた平安時代中期の日記。日記文学としては前回の『土佐日記』の次に成立した。『土佐日記』が男性の紀貫之によって書かれたものなので、藤原道綱母が書いたこの『蜻蛉日記』が、女性の書いた最初の日記ということになる。

内容としては、951年からの約20年間の夫との結婚生活を回想したものだが、なにせ**夫が摂政・関白・太政大臣となって権勢をふるった藤原兼家《ふじわらのかねいえ》**という大物だけに、日記の内容もなかなかに濃い。

藤原兼家といえば、子供にかの有名な藤原道隆・道長がいる（詳しくは『大鏡』のP138参照）。この二人は後に骨肉の権力争いを演じるのだが、いずれにせよ優秀な息子たちといえる。だがその二人は、この藤原道綱母の子供ではない。つまり、兼家と別の妻との間の子供なのだ。それに対して、兼家と藤原道綱母との間の子供「道綱」は、ごくごく平凡な息子で、甘えたマザコン息子に過ぎない。

となれば、父兼家の愛情も優秀な別の息子たちに行って当然―もちろんそれ以外の原因（もちろん浮気）も多々あったみたいだが―ともかくも兼家と道綱母との間の愛情は、ほんの数年しか続かなかった。道綱母にとって、残りの十数年間は、ただひたすら苦悩と嫉妬で胸焦がれる時代であり、また息子道綱の成長を楽しみにし、溺愛する日々でもあった。今回取り上げた場面でも、二人の夫婦ゲンカがどんなものであったかがよくわかる。

古文文法・虎の巻では取り上げなかったが、前講（P106）で学習した**「こそ〜已然形、……（下に続く）」＝逆接**という重要文法が文中にあるので、必ずチェックしておこう。

34 カ変来《く》とサ変すの確認！

●ここでカ変の来《く》とサ変のすの復習をしておこう。

カ変来とサ変す

カ変 来《く》	来《こ》	来《き》	来《く》	来る《く》	来れ《く》	来《こ》 来よ《こ》
サ変 す	せ	し	す	する	すれ	せよ

カ変来　過去問正解分析

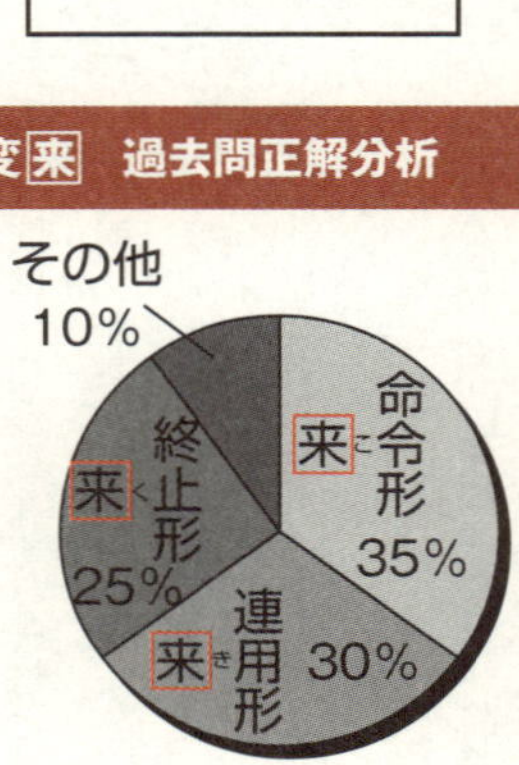

※カ変来は命令形が最も問われる！

例文①

われは今は来じとす。（カ変・未／打消意志／サ変・終）

訳 父さんは、もうここには来ないつもりだよ。

※カ変来は打消意志じの前にあるので未然形。

例文②

こち率《ゐ》て来。（カ変・命）

訳 こちらに連れてこい。

※文末にカ変がきた場合、終止形なのか命令形なのかに注意。中古では命令形は来《こ》なので終止形来《く》と見た目では区別がつかず、文脈で判断するしかない。

例文③

いらへもせで、（サ変・未／打消の接助）

訳 返事もしないで、

◆品詞分解チェック

心のどかにくらす日、はかなきこと、いひいひのはてに、われも人も①あしういひなりて、うち怨じて、②出づるになりぬ。端のかたにあゆみいでて、幼き人をよびいでて、「われは今は来③じとす」などいひおきて、いでにけるすなはち、這ひ入りて④おどろおどろしう泣く。「こはなぞなぞ」といへど、いらへも⑤せ⑥で、論なう、さやうに⑦ぞあら⑧んと、おしはから⑨るれど、人⑩のきか⑪むもうたて⑫物狂ほしければ、とひさして、とかうこしらへてあるに、五六日ばかりになりぬるに、音もせず。

れいならぬほどになりぬれば、「あな物狂ほし。戯ぶれごとと⑬こそ、われはおもひ⑭しか、はかなきなかなれば、かくてやむやうもあり⑮な⑯むかし」とおもへば、心ぼそうて⑰ながむるほどに、いで⑱し日つかひしゆするつきの水は、⑲さながらありけり。上に塵⑳ゐてあり。(後略)

①シク・形・用(ウ音便)
②ダ・下二・体
③打消意志・終
④シク・形・用(ウ音便)
⑤サ変・未
⑥接助(打消
⑦係助(強意)
⑧推量「ん」体(結び)
⑨自発「る」已
⑩格助(主格)
⑪婉曲「む」体
⑫シク・形・已
⑬係助(強調逆接)
⑭過去「き」已(結び)
⑮完了(強意)「ぬ」未
⑯推量「む」終
⑰マ・下二・体
⑱過去「き」体
⑲副詞
⑳ワ・上一・用

第二部

5 和泉式部日記《いずみしきぶにっき》

作者 和泉式部《いずみしきぶ》

日記 平安時代中期

かくて、二三日**おと**もせさせたまはず。頼もしげに**のたまはせ**しことも、いかになりぬるにかと思ひつづくるに、**いもねられず**。目もさましてねたるに、夜**やうやう**ふけぬ**らむ**かしと思ふに、門《かど》をうちたたく。**あな**おぼえなと思へど、問は**すれ**ば、宮の御文なりけり。つま戸押し開けて見れば、

見るや君さ夜うちふけて山の端《は》に
くまなくすめる秋の夜の月

うちながめられて、つねよりもあはれにおぼゆ。門《かど》も開けねば、御使待ち遠にや思ふ**らむ**とて、御返し、

ふけぬらむと思ふものからねられねど
なかなかなれば月はしも見ず

こうして、二、三日の間は何の**お便り**もなさらない。頼りになりそうな感じで邸に引き取って一緒に暮らそうなどと**おっしゃっ**たことも、どのようになってしまったのかと考え続けると、**寝ることもできない**。さえた目で横になっていると、夜も**次第に**更けてしまって**いる**だろうと思うところに、門をしきりにたたく。「**ああ**、だれだろう。心当たりもないよ」と思うけれども、取次ぎに尋ね**させる**と、宮からのお手紙であった。妻戸を押し開けて、月の明かりでお手紙を見てみると、

＝あなたは見ていますか。夜が更けて山の端に**少しの曇りもなく**澄んでいるこの秋の夜の月を。

とあった。**ふと**自然に月が眺められて、いつもよりしみじみと情趣を感じる。門も開けていないので、お使いもきっと待ち遠しく思って**いるだろう**と思って、返歌をする

＝おっしゃるとおり、夜も更け澄んだ月も出ている

とあるを、おしたがへるここちして、**なほ口をしく**はあらずかし、**いかで**近くて、かかる**はかなし**ごとも言はせて聞か**む**とおぼし立つ。二日ばかりありて、女車《をんなぐるま》のさまにて**やをら**おはしましぬ。昼などはまだ御覧ぜねば、はづかしけれど、さまあしうはぢ隠るべきにもあらず。またのたまふさまにも**あらば**、はぢきこえさせて**やは**あらむずるとて、**ゐざり**出でぬ。

と思いますものの、もの思いで眠れはしませんが、月を見たりすると**かえって**もの思いが増すので、月は見ません。

と申し上げたところ、宮は予想外の心地がして、**やはり**あの女は**つまらぬ**ものではない、**なんとかして**傍らに置いて、こんな**ちょっとした**歌でも詠ませて聞こ**う**と決心なさる。二日ほどたって、宮様は女車の様子で**そっと**いらっしゃった。宮様は、私を昼間などにはまだ御覧になったことがないので、恥ずかしいけれど、見苦しく恥ずかしがって隠れるわけにもいかない。また、もし宮様がおっしゃるようにお邸に引き取られるということにでも**なるならば**、恥ずかしがり申し上げて**いられようか、いや、いられないだろう**と思い、**にじり出**てお出迎えした。

◆重要単語チェック

※ ＝文中での意味

おと

●夫に聞く評判を便りにする

①評判。うわさ。②便り。訪れ。③音。響き。声。

のたまはす

●のりたまはすごいとおっしゃる

①おっしゃる。

いもぬ

●イモぬくぬく寝る

①寝る。眠る。

やうやう

●ヨーヨー次第に上手になる

①次第に。だんだん。②かろうじて。やっと。

くまなし

●クマ梨食べる、抜け目なく。かげりがない

①抜け目がない。②かげりがない。③隠し立てがない。

なかなか（なり）

●なかなか金、かえってこない

①中途半端なさま。②かえって～しないほうがよい。③かえって。

いかで

●イカでかいのはどうして？ なんとかしてよ

①なんとかして。②どうして。③どうして（～か、いや～でない）。

はかなし

●ハーかなしいわ、ちょっと頼りなくてむなしいわ

①頼りない。②むなしい。③ちょっとしたことである。④取るに足りない。

やはら・やをら

●やはらちゃんをそっと静かに投げる

①そっと。静かに。

ゐざる

●ゐざ、ルンルンにじり寄る

①にじり寄る。②船などがのろのろと進む。

15 ゴロゴプレミアム講義

『和泉式部日記《いずみしきぶにっき》』は和泉式部によって書かれた平安時代中期の日記。紫式部の『源氏物語』や清少納言の『枕草子』などに代表される平安文化を代表する「女房文学」のひとつ。

和泉式部は紫式部や赤染衛門《あかぞめえもん》と一緒に中宮彰子に仕えた女房で、最初 橘 道貞《たちばなのみちさだ》と結婚し、**小式部内侍《こしきぶのないし》**を生んだ。しかしその後、夫を捨てて**為尊親王《ためたかしんのう》**と、その弟**敦道親王《あつみちしんのう》**と激しい恋愛をし、さらにはその二人の死後、藤原 保昌《ふじわらのやすまさ》と再婚するなど、数多くの恋の遍歴の持ち主であった。

今回取り上げた『和泉式部日記』の一節は、愛する為尊親王が病気で亡くなった後、その弟の敦道親王と出会い、そして恋に落ちていくシーン（兄の次は弟と恋愛とは……）。

『和泉式部日記』自体はわずか10か月の恋の経過を記したものに過ぎないが、内容的には１４０首もの贈答歌を中心とした激しい恋を綴っている密度の高い作品。しかし、その恋の相手である敦道親王もまた病に倒れ、亡くなってしまう……ウムム。歌の才能は天才級でも、恋は思うにまかせないものなのね。

古文文法・虎の巻では「『し』の識別」「いかで」「むず」を取り上げた。特に「いかで」と「むず」は大切なので、しっかり勉強しよう。「雨降らんず」を訳す場合、「雨が降らないだろう」なんてやらないように。

また、副詞「いかで」はセンター・共通テストを始め、入試古文では解釈問題で超・頻出。「いかで」には「疑問」「反語」「願望」の三つの意味があるが、ここでは「意志・願望表現」が下にきた場合の「いかで」をまずマスターしよう。

35 「し」の識別は意外に大切！

●識別問題の中で「し」の識別というものがある。見分け方は次のとおり。

「し」の識別

① 連用形＋し ＝ 過去の助動詞き の連体形
② 「～する」の意がある ＝ サ変す の連用形
③ しをとっても意味が変わらない ＝ 強意の副助詞し

例文①
頼もしげにのたまはせ（サ・下二・用）し（過去「き」体）ことも、
訳 頼りになりそうな感じでおっしゃったことも、

例文②
おしたがへるここちし（サ変・用）て、
訳 予想外の心地がして

例文③
なかなかなれば月はし（副助）も見ず
訳 かえってもの思いが増すので、月は見ません。
※ここはしもで一語の副助詞だが、細かく分けるとしが副助詞、もは係助詞となる。

過去問正解分析

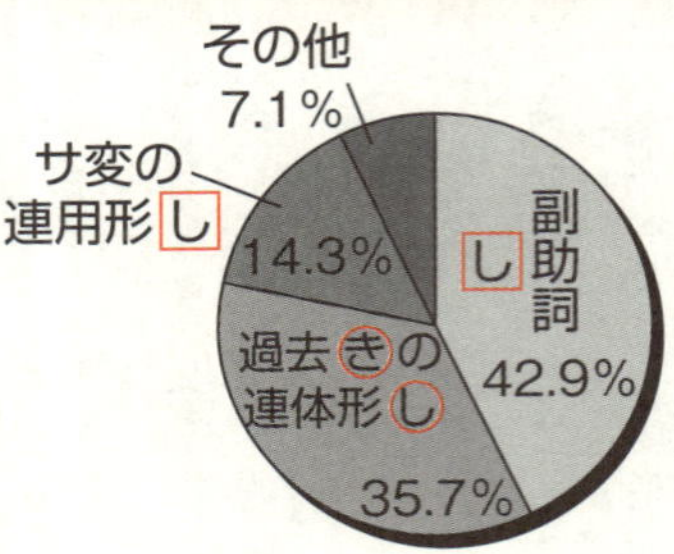

36 「いかで～意志・願望」＝「なんとかして～したい・してほしい」

●副詞のいかでは大きく次の三つの意味がある。

副詞いかで

① **願望**「なんとかして・どうにかして」
② **疑問**「どうして・どのようにして」
③ **反語**「どうして～か・いや～ではない」

●①の願望の場合は下に意志・願望表現がくる。

過去問正解分析

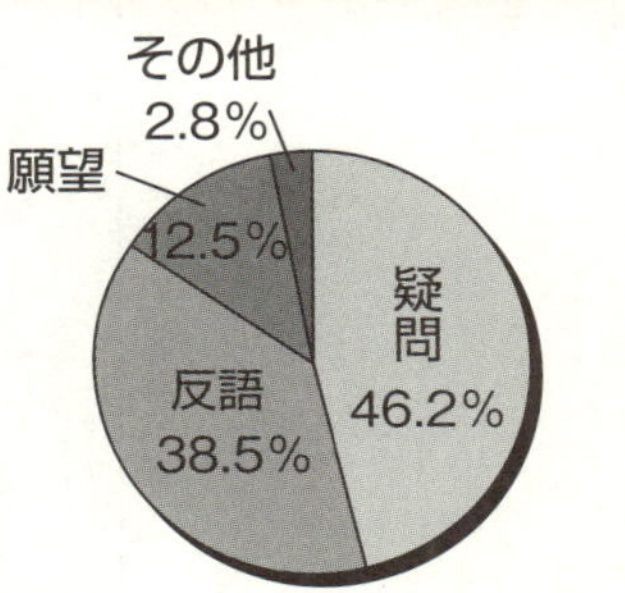

願望のいかで

なんとかして＝いかで～

① 未＋なむ＝～してほしい
② 未＋ばや＝～したい
③ 未＋む＝～しよう
④ 未＋まほし＝～したい
⑤ 用＋たし＝～したい・してほしい
⑥ 用＋てしが(な)・にしが(な)＝～したいものだ
⑦ 種々の語＋もが(な・も)＝～があればなあ

例文①

いかで近くて、かかるはかなしごとも言はせて聞かむ。（意志「む」終）

訳 なんとかして傍らに置いて、こんなちょっとした歌でも詠ませて聞こう。

37 むずは打消ではないぞ！

●助動詞**む**は**ん**とも表記される。また「むとす」が縮まってできた**むず**・**んず**になってもほぼ意味が変わらない使われ方をする。

推量む

む	≒	むず
＝		＝
ん	≒	んず

※むずは「むとす」の縮まったもの。
※「ず」があるからといって**打消の意味はない**ので注意。
※むずは主に会話に用いられ、軍記物語にも多い。

例文① 雨降らん（推量）。
訳 雨が降るだろう。

例文② 雨降らむず（推量）。
訳 雨が降るだろう。

例文③ はぢきこえさせてやは（反語）あらむずる（体）とて、
訳 恥ずかしがり申し上げていられようか、いやいられないだろうと思い、

◆品詞分解チェック

かくて、二三日おとも①**せ**②**させ**③**たまは**ず。④**頼もしげに**のたまはせしことも、いかになりぬる⑤**に**かと思ひ⑥**つづくる**に、いもね⑦**られ**ず。（中略）

うちながめ⑧**られ**て、つねよりもあはれにおぼゆ。門も開けねば、御使待ち遠⑨**に**や思ふらむとて、御返し、

ふけ⑩**ぬ**⑪**らむ**と思ふ⑫**ものから**ね⑬**られ**⑭**ね**ど⑮**なかなかなれ**ば月は⑯**し**も見ず

とあるを、おしたがへるここちして、なほ口をしくはあらずかし、⑰**いかで**近くて、かかるはかなしごとも言はせて聞かむとおぼし立つ。二日ばかりありて、女車のさまにてやをらおはしましぬ。昼などはまだ御覧ぜねば、はづかしけれど、さまあしうはぢ隠るべき⑱**に**もあらず。またのたまふさまにもあらば、はぢきこえさせて⑲**やは**あら⑳**むずる**とて、ゐざり出でぬ。

①サ変・〔未〕
②尊敬「さす」〔用〕
③ハ・四・〔未〕（尊敬）
④ナリ・形動・〔用〕
⑤断定「なり」〔用〕
⑥カ・下二・〔体〕
⑦可能「らる」〔未〕
⑧自発「らる」〔用〕
⑨断定「なり」〔用〕
⑩完了（強意）「ぬ」〔終〕
⑪現在推量「らむ」〔終〕
⑫接助（逆接）
⑬可能「らる」〔未〕
⑭打消「ず」〔已〕
⑮ナリ・形動・〔已〕
⑯副助（強意）
⑰副詞（願望）
⑱断定「なり」〔用〕
⑲係助（反語）
⑳意志「むず」〔体〕（結び）

第二部

6 源氏物語《げんじものがたり》

作者 紫式部《むらさきしきぶ》

物語 平安時代中期

いづれの御時**にか**、女御《にょうご》、更衣《かうい》あまた**さぶらひ**給ひけるなかに、いと**やんごとなき**際《きは》にはあらぬ**が**、すぐれて**時めき**給ふありけり。

はじめより、我はと思ひあがり給へる御かたがた、**めざましき**ものにおとしめそねみ給ふ。同じ程、それより下臈《げらふ》の更衣《かうい》たちは、まして**やすから**ず。朝夕の宮仕へにつけても、人の心をうごかし、恨みを負ふつもり**にやありけむ**、いと**あつしく**なりゆき、物心細げに里がちなるを、いよいよ**飽《あ》かず**あはれなるものにおぼほして、人の**誹《そし》り**をもえ**はばから**せ給はず、世の例《ためし》にもなりぬべき御もてなしなり。

上達部《かんだちめ》・上人《うへびと》なども、**あいなく**、目をそばめつつ、「い

いずれの帝の御代**であったのだろうか**、女御や更衣が大勢帝に**お仕え**なさっていた中に、それほど**高貴な**身分ではない方**であって**、目立って帝のご**寵愛を受け**ていらっしゃる方（＝桐壺の更衣）がいた。

入内の初めから、自分こそはと自負していらっしゃった御方々は、桐壺の更衣を**気に食わない**者にさげすんだりねたんだりなさる。この桐壺の更衣と同じ程度の身分、あるいはそれより低い身分の更衣たちは、まして気持ちが**安らかで**ない。朝夕の宮仕えにつけても、人の気を動かし、恨みを受けることが積もった**のだろうか**、桐壺の更衣はとても**病気がちに**なってゆき、何となく心細い様子で実家に戻りがちであるのを、帝はいよいよ**もの足りなく感じて**いとしい者にお思いになって、人の**非難**をも**気がねし**なさることもできず、後世の悪い例にもなってしまうに違いないほどのおふるまいである。

公卿や殿上人なども、**つまらない様子で**、冷たい

と、まばゆき、人の御**おぼえ**なり。唐土《もろこし》にも、かかる事の起こりにこそ、世も乱れ悪しかりけれ」と、やうやう天の下にも、**あぢきなう**、人のもて悩みぐさになりて、楊貴妃《やうきひ》の例《ためし》も、引きいでつべうなりゆくに、いと、**はしたなき**こと多かれど、かたじけなき御心ばへ**の**、たぐひなきを頼みにて、まじらひたまふ。父の大納言は亡くなりて、母北の方なむ、いにしへの人**の**、由《よし》あるにて、親うち**具し**《ぐ》、さしあたりて世の**おぼえ**花やかなる御方がたにも劣らず、何事の儀式をも、もてなしたまひけれど、とりたてて、**はかばかしき**後見《うしろみ》しなければ、事あるときは、**なほ**より所なく心細げなり。

目で見つつ、「たいそう目をそむけたいほどのご**寵愛**だ。中国でも、このような事が原因で、天下も乱れ、困った事態になったとかいうことだ」と言って、次第に世間でも、**苦々しく**、人々の悩みのたねとなって、楊貴妃の前例までも引き合いに出しそうになっていくので、更衣にとってはたいそう**きまりが悪い**ことが多いけれども、帝のもったいないほどのご愛情**が**この上なく素晴らしいのを頼りにして、他の女御・更衣たちに交じって宮仕えをなさる。更衣の父の大納言はすでに亡くなっていて、母である故大納言の北の方は、古風な人**であって**風情のある人であり、両親がきちんと**そろっていて**、さしあたって世間の**評判**の華々しい女御や更衣たちにもひけをとらないように、どんな宮中の儀式をもうまく処理なさったけれども、特にこれといって**頼もしい**後見人がいないので、何か重大なことがある時は、**やはり**頼るあてもなく、心細い様子である。

◆重要単語チェック

やむごとなし

●やーみごとな梨、格別だ。身分が高い

①捨てておけない。②格別だ。③身分が高い。高貴だ。

ときめく

●ときめく心、超ー愛される

①時勢にあって栄える。②（帝から）寵愛される。

めざまし

●目覚まし鳴って、素晴らしく気に食わない

①（目が覚めるほど）素晴らしい。②あきれるほどひどい。気に食わない。

やすし

●やすしは心穏やかだ

①心穏やかだ。安らかだ。②簡単だ。たやすい。

あつし

●あつしの婆ちゃん危篤だ

①病気が重い。危篤だ。病気がちである。

※［　］＝文中での意味

そしる

●ソーシャルダンスを非難する

①非難する。悪口を言う。

はばかる

●派閥、軽く遠慮する

①遠慮する。恐れ慎む。②さえぎられて、とどこおる。

あぢきなし

●アッ、磁気なしバンド、つまらない

①つまらない。苦々しい。②どうしようもない。③道理に合わない。

おぼえ

●オーボエ吹きは評判いい、超ー愛してる

①（よい）評判。世評。うわさ。②寵愛（を受けること）。信任。

はかばかし

●墓場で貸し借り、しっかりしてる

①てきぱきしている。②きわだっている。③しっかりしている。頼もしい。

16 ゴロゴプレミアム講義

『源氏物語』における主人公の光源氏を理解するためには、光源氏誕生以前にさかのぼる必要がある。

源氏の父は「桐壺帝《きりつぼてい》」、母は「桐壺《きりつぼ》の更衣《こうい》」だが、ここで問題なのは母の身分。「**更衣**《こうい》」という身分は**御**《み》**息所**《やすんどころ》の中では、「**女御**《にょうご》」の下に位置する。つまり、桐壺の更衣は帝からは寵愛《ちょうあい》されていたが、身分はそれほど高くなかったということだ。

まして当時「弘徽殿《こきでん》の女御《にょうご》」という右大臣の娘がいて、虎視眈々と皇后の地位をねらっていたのだから始末が悪い。当然桐壺の更衣は弘徽殿の女御のいじめにあうことになり、そのいじめが元で桐壺の更衣は病気になって死んでしまう。それが源氏3歳の時であった。

これが後に源氏の精神に多大な影響を与え、母の面影を求めて何人もの女性をさまよう原因にもなったといえる。特に父桐壺帝の後妻である「**藤壺**《ふじつぼ》**の宮**《みや》」に対しては、母桐壺の更衣に似ているということから、**不義密通**（つまり、継母とはいえ「母」と関係をもったのだ）を犯し、さらには藤壺の宮の姪にあたる「紫の上」をわずか10歳の時にみそめて後に妻にしてしまうという強引なことをしでかしてしまう。こうした強引さも源氏の魅力のひとつではあるのだが、何人もの女性を不幸にしたという現実も見落とせないところだろう。

さて、今回古文文法・虎の巻で取り上げた**「『に』の識別」**は識別問題のNo．1であると同時に、文法の総まとめ的な要素が高いものだ。また**「『なり』の識別」**も識別問題のNo．2のものなので、ここはこの二つにじっくりと取り組んでマスターしてから次に進むことにしよう。

38 「に」の識別は入試の合否を左右する！

「に」の識別

●「に」の識別は識別問題でNo．1の出題率を誇る。まずは正解分析を見てみよう。

過去問正解分析

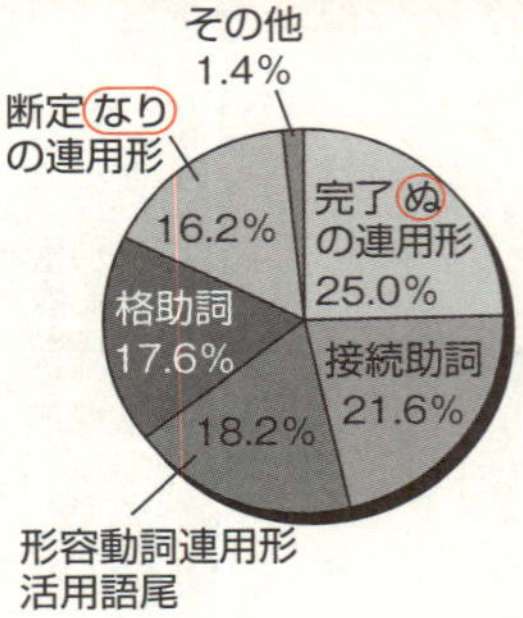

●これを見ると1位が完了の助動詞**ぬ**の連用形だが、これはP52で勉強した。同様に形容動詞の連用形もP22に戻って見てほしい。ただ、形容動詞の連用形の場合は、**静かに**、**心細げに**、**清らに**のように「に」の直前が「**―か・―げ・―ら**」になるものが多いので覚えておくとお得。

助詞のにの違い

格助詞に	接続助詞に
ほとんどが「～に」と訳すので、**に**＝「～に」の場合、格助詞と判断していい。	「～のに・～ので・～と」と逆接・順接・単純接続で訳す場合が多く、しかも大半が**に**の下に「、」がある。

●いよいよ問題の断定の助動詞**なり**の連用形の**に**だが、P62でも勉強したように**にや**、**にか**、**にこそ**の形で出てくるものが多い。これをまとめると次のようになる。

断定なりの連用形に

体言 or 連体形

＋

断定 なり（用）― に

係助詞							副助詞
は	も	ぞ	なむ	や	か	こそ	だに

例文①

いづれの御時に（断定「なり」用）か（係助）、

訳 いずれの帝の時代であったのだろうか、

※「にか」の下に「あらむ」が省略されている。

例文②

いとやんごとなき際に（断定「なり」用）は（係助）あらぬが、

訳 それほど高貴な身分ではない方であって、

●また**に**の下に**あり**に類する語がある場合も多い。

断定なりの連用形に

体言 or 連体形

＋

断定 なり（用）― に（〜）

あり

侍り・候ふ

おはす・おはします

例文③

様もよき人に（断定「なり」用）おはす。

訳 人柄もよい人でいらっしゃる。

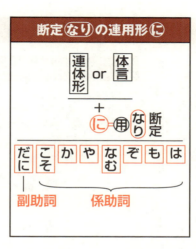

39 「なり」の識別も入試の合否を左右する！

●「に」の識別についで入試に出る識別は「なり」の識別だ。正解分析を見てみよう。

「なり」の識別

過去問正解分析

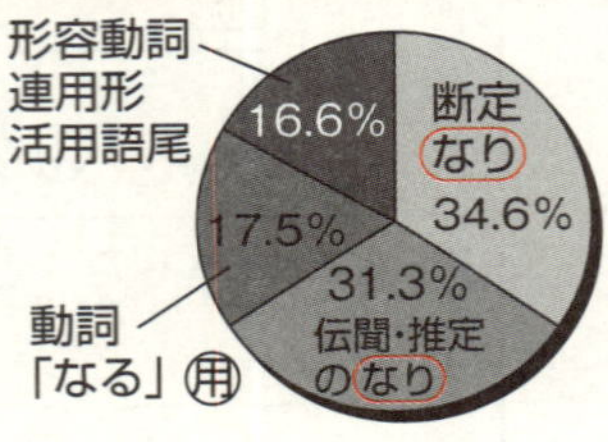

①これを見ると、まず断定**なり**と伝聞・推定**なり**の識別が大切で、P44で勉強したことが必須であることがわかる。

②次に動詞**なり**の連用形だが、これは**成る**という意味なので、文脈で判断できる。

③最後に形容動詞連用形活用語尾だが、P22で勉強したように、直前に「いと（＝とても）」を入れてみて判断するのがベスト。

また**静かなり**、**心細げなり**、**清らなり**のように「なり」の直前が「**―か・―げ・―ら**」になるものが多いということも覚えておこう。

例文①

世の例《ためし》にも**なり**（ラ・四・用）ぬべき御もてなし**なり**（断定「なり」終）。

訳 後世の悪い例にもなってしまうに違いないほどのおふるまいである。

◆品詞分解チェック

いづれの御時①にか、女御、更衣あまたさぶらひ②給ひけるなかに、いとやんごとなき際③にはあらぬ④が、すぐれて時めき給ふありけり。はじめより、我はと思ひあがり給へ⑤る⑥御かたがた、めざましきものにおとしめそねみ給ふ。同じ程、それより下臈の更衣たちは、ましてやすから⑦ず。朝夕の宮仕へにつけても、人の心をうごかし、恨みを負ふつもりに⑧や⑨ありけむ⑩、いとあつしくなりゆき、物心細げに⑪里がちなるを、いよいよ飽かずあはれなる⑫ものにおぼほして、人の誹りをもえ⑬はばからせ⑭給はず、世の例にもなりぬ⑮べき⑯御もてなしなり。（中略）

父の大納言は亡くなりて、母北の方なむ、いにしへの人の⑰、由あるにて、親うち具し、さしあたりて世のおぼえ花やかなる⑱御方がたにも劣らず、何事の儀式をも、もてなしたまひけれど、とりたてて、はかばかしき後見し⑲なければ、事あるときは、なほより所なく心細げなり⑳。

①断定「なり」用
②ハ・四・用（謙譲）
③断定「なり」用
④格助（同格）
⑤ハ・四・已（尊敬）
⑥完了（存続）「り」体
⑦ク・形・未
⑧断定「なり」用
⑨係助（疑問）
⑩過去推量「けむ」体（結び）
⑪ナリ・形動・用
⑫ナリ・形動・体
⑬副詞（不可能）
⑭尊敬「す」用
⑮完了（強意）「ぬ」終
⑯当然「べし」体
⑰格助（同格）
⑱ナリ・形動・体
⑲副助（強意）
⑳ナリ・形動・終

第二部

7

紫式部日記《むらさきしきぶにっき》

作者
紫式部《むらさきしきぶ》

日記

平安時代中期

和泉式部といふ人こそ、**おもしろう**書きかはしける。されど、和泉は**けしからぬ**かた**こそあれ**、うちとけて文《ふみ》はしり書きたるに、そのかたの才《ざえ》ある人、**はかない**言葉の**にほひ**も見え侍る**めり**。歌はいとをかしきこと。ものおぼえ、うたの**ことわり**、まことの歌よみざまに**こそ侍らざめれ**、口にまかせたることどもに、かならずをかしき一ふしの目にとまる詠《よ》み添へ侍り。それ**だに**、人の詠みたら**む**歌、難じ**ことわり**ゐたら**むは**、いでやさまで心は得じ。口にいと歌の詠まるるなめりとぞ見えたるすぢに侍るかし。**恥づかしげ**の歌よみやとはおぼえ侍らず。丹波の守《かみ》の北の方をば、宮、殿などのわたりには、匡衡《まさひら》衛門とぞいひ侍る。ことに**やむご**

和泉式部という人は、**趣深く**手紙の交換をしたものです。そうだけれども、和泉式部には**不倫で感心しない**面**はあるものの**、気楽に文を走り書きした場合に、その方面の才能のある人ですから、**ちょっとした**言葉にも**魅力**が感じられる**ようです**。歌はたいそう情趣があることですよ。歌の知識や歌の**理論**などでは本格的な歌人というわけで**はありませんが**、いいたいままに詠んだものに、必ず情趣のある一節で人目をひくものが詠み添えてあります。それほどの歌を詠む人**でさえ**、人の詠んだ**ような**歌について非難し、**批評**している**としたら**、さあ、それほどまで歌道を理解しているとは思えません。口を衝いて自然と歌が出てくるようだと思える歌風でしょうよ。**こちらが恥ずかしくなるほど立派**な歌人だとは思えません。丹波の守〔＝大江匡衡〕の奥方を、中宮彰子様や殿〔＝道長〕のお邸あたりでは匡衡衛門と申しております。この人は特に**優秀である**という

となきほどならねど、まことにゆゑゆゑしく、歌よみとて、よろづのことにつけてよみちらさねど、聞こえたるかぎりは、はかなきをりふしのことも、それこそ恥づかしき口つきに侍れ。ややもせば、腰はなれぬばかり折れかかりたる歌をよみいで、えもいはぬよしばみごととしても、われかしこに思ひたる人、にくくもいとほしくもおぼえ侍るわざなり。清少納言こそ、したり顔にいみじう侍りける人。さばかりさかしだち、真字《まな》書きちらして侍るほども、よく見れば、まだいとたへぬことおほかり。

わけではないけれども、ほんとうに由緒深く、自分から歌人だといって、万事につけて詠み散らすことはしないけれども、世間に知られた歌で見る限りのすべては、ちょとした折の歌でも、それこそこちらが恥ずかしくなるほどに立派な詠みぶりです。どうかすると、重要な腰の句〔＝歌の第三句〕が上下離れてしまうばかりに腰折れた下手な歌になっているる歌を詠み出して、何ともいえないほど気取ってみせることまでしても、自分こそ立派な歌詠みだと自惚れている人をみると、憎らしくもあり、また気の毒にも思えることです。清少納言こそは、得意顔に偉そうにしていた人です。それほど利口ぶり、男性のように漢字を書き散らしていますのも、よく見てみると、まだとても能力の不足しているところが多いのです。

◆重要単語チェック

※ ＝文中での意味

おもしろし

● おもしろい城、趣がある。興味深いね

① 趣がある。 ② 興味深い。

けしからず

● けしからん、ズラは、異様で不都合だ

① 異様だ。怪しい。 ② 不都合だ。 ③ 感心できない。

にほふ

● 日本のフン、つややかに美しい

① つややかに美しい。 ※ここでは名詞で「言葉が美しい」ことなので「魅力」と訳す。

ことわり（なり）

● 「琴割ります、ドウリャー！ トゥー、全然割れない」「たわけー」

① ものの道理。批評。 ② 理由。わけ。 ③ 当然である。

はづかし

● 恥づかしいくらい立派ね

① （こちらが気恥ずかしくなるほど）立派だ。すぐれている。 ② 気詰まりだ。

やむごとなし

● やーみごとな梨、格別だ。身分が高い

① 捨てておけない。 ② 格別だ。優秀だ。 ③ 身分が高い。高貴だ。

いとほし

● 伊藤氏は気の毒だ

① 気の毒だ。かわいそうだ。 ② かわいい。いじらしい。

したりがほ

● してやったりの得意顔

① 得意顔。

さかし

● 坂下かしこい、こざかしい

① かしこい。 ② 気丈だ。 ③ こざかしい。利口ぶる。

たふ

● タフな能力がある

① 能力がある。 ② 我慢する。

17 ゴロゴプレミアム講義

『紫式部《むらさきしきぶ》日記《にっき》』は紫式部によって書かれた平安中期の日記。『和泉式部日記』とほぼ同時期のもので、1010年頃成立した。内容は紫式部が仕えた**中宮彰子と藤原道長を中心とした宮廷生活の日記**で、中宮彰子が待望の皇子（後の後一条天皇）を生み、祖父になった道長の喜ぶ様子（皇子誕生で摂政への道が開けたので）などが書かれている。一見華やかに見える宮廷生活の中で、そこになじみきれない紫式部の苦悩をかなり内省的に書いた部分もある。また、**同じ中宮彰子に仕える女房の和泉式部や赤染衛門**、そして**中宮定子に仕えるライバル清少納言**らに対する人物評が書かれている。

特にライバルの清少納言に対しては「真名（＝漢字）」を書き散らすだけで、教養がない賢ぶった女に過ぎないと、こき下ろしている。また同僚であるはずの和泉式部に対してもなかなか辛辣で、結局紫式部がもっとも高い評価を下しているのは赤染衛門（匡衡《まさひら》衛門《えもん》）に対してであるが、現代では清少納言や和泉式部のほうが赤染衛門よりもはるかに知名度が高いというのは、紫式部にとっては心外なこと（？）だろう。

今回古文文法・虎の巻では特に取り上げなかったが、重要なものとして、「こそ」の結びが文末ではなくそのまま下に続いていく形、というものがある。具体的には「こそあれ、」「こそ侍らざめれ、」と、「こそ」の結びが下に続いていき、逆接になっているところ。この形は入試頻出だ。

また、「人の詠みたらむ歌」の**「む」が婉曲「〜ような」**である点。さらに、「難じことわりゐたらむは」の「む」が仮定「〜としたら」である点、なども重要だ。今まで勉強したものが出てきた場合は、もう一度該当の古文文法・虎の巻を読み直してみよう。

40 なめりは断定＋推定！

●推定の助動詞めりは気をつけなければいけない助動詞だ。

ちがいに注意

推定　めり「〜らしい・〜ようだ」
≠
推量　む「〜だろう」

●また推定にはもう一つなりがあり、めりとのちがいは次のようになる。

推定

音声からの推定＝なり　↑「音《ね》あり」が縮まったもの

目に見えることからの推定＝めり　↑「見えあり」が縮まったもの

●そしてこのなり・めりの上に、ラ変型の活用語が付くと次のように変化する。

元の形		撥音便		無表記
ラ変・体　ある／なり・めり	→	あん／なり・めり	→	あ／なり・めり
ナリ・形動・体　静かなる／なり・めり	→	静かなん／なり・めり	→	静かな／なり・めり
断定「なり」体　なる／なり・めり	→	なん／なり・めり	→	な／なり・めり
形・シク・体　をかしかる／なり・めり	→	をかしかん／なり・めり	→	をかしか／なり・めり

◆品詞分解チェック

和泉式部といふ人こそ、おもしろう書きかはしける。されど、和泉はけしからぬかた①こそ②あれ、うちとけて文はしり書きたるに、そのかたの才ある人、はかない言葉のにほひも見え③侍る④めり。歌はいとをかしきこと。ものおぼえ、うたのことわり、まことの歌よみざまに⑤こそ侍ら⑥ざ⑦めれ、口にまかせたることどもに、かならずをかしき一ふしの目にとまる詠み添へ侍り。それ⑧だに、人の詠みたらむ歌、難じことわり⑨ゐたら⑩むは、いでやさまで心は⑪得⑫じ。口にいと歌の詠ま⑬るる⑭な⑮めりとぞ見えたるすぢに侍る⑯かし。恥づかしげの歌よみやとはおぼえ侍らず。丹波の守の北の方をば、宮、殿などのわたりには、匡衡衛門とぞいひ侍る。ことにやむごとなきほどならねど、まことにゆゑゆゑしく、歌よみとて、よろづのことにつけてよみちらさねど、聞こえたるかぎりは、はかなきをりふしのことも、それ⑰こそ恥づかしき口つきに⑱侍れ。（後略）

①係助（強調逆接）
②ラ変・已（結び）
③ラ変・体（補動丁寧）
④推定「めり」終
⑤係助（強調逆接）
⑥打消「ず」体
（撥音便の無表記）
⑦推定「めり」已（結び）
⑧副助（類推）
⑨ワ・上一・用
⑩仮定「む」体
⑪ア・下二・未
⑫打消推量「じ」終
⑬自発「る」体
⑭断定「なり」体
（撥音便の無表記）
⑮推定「めり」終
⑯終助（念押し）
⑰係助（強意）
⑱ラ変・已（結び）

第二部 7

第二部

8 大鏡《おおかがみ》

作者未詳

歴史物語 平安時代後期

帥殿《そちどの》の南の院にて、人々集めて弓あそばししに、この殿渡らせたまへれば、思ひかけずあやしと、中ノ関白殿おぼし驚きて、いみじう饗応《きやうよう》し申させたまひて、下臈《げらふ》におはしませど、前に立て奉りて、まづ射させ奉らせたまひけるに、帥殿の矢かず、今ふたつおとりたまひぬ。中ノ関白殿、又御前に候ふ人々も、「今二度延べさせ給へ」と申して、延べさせたまひけるを、やすからずおぼしなりて、「さらば延べさせたまへ」と仰せられて、又射させたまふとて、仰せらるるやう、「道長が家より帝《みかど》・后《きさき》立ちたまふべきものならば、この矢あたれ」と仰せらるるに、おなじものを中心《なから》にはあたるものかは。次に帥殿射たまふに、いみじう臆《おく》したまひて、御手もわななくけにや、的のあたりにだに近くよ

帥殿〔＝伊周〕が父道隆の邸の南の院で、人々を集めて弓の競射をなさったときに、この殿〔＝道長〕が来なさったので、思いがけず不思議だと、中ノ関白殿〔＝道隆〕はお思い驚きなさって、たいそう手厚くもてなし申し上げなさって、当時道長は伊周より下位の身分でいらっしゃるけれど、競射の順で先に立て申し上げて、まず道長に射させ申し上げなさったところ、帥殿の当たり矢の数が、道長にあと二本だけ劣りなさった。中ノ関白殿も、またおそばにお仕えする人々も、「もう二回延長して下さい」と申し上げて、延長なさったので、道長は不愉快にお思いになって、「それならば延長なさって下さい」とおっしゃって、再び射なさる際に、おっしゃったことは、「この道長の家から帝・后がお立ちになるはずものならば、この矢当たれ」とおっしゃって射なさると、同じ当たるにしても的の中心に当たったではないか。次に帥殿が射なさると、ひどく気おく

らず、無辺世界を射たまへるに、関白殿色青くなりぬ。又、入道殿射たまふとて、「摂政・関白すべきものならば、この矢あたれ」と仰せらるるに、はじめおなじやう、的の破るばかりに同じところに射させたまひつ。饗応《きやうよう》し、もてはやしきこえさせたまへる興もさめて、事にがくなりぬ。父おとど、帥殿に「なにか射る。な射そ、な射そ」と制せさせたまひて、事さめにけり。入道殿矢もどして、やがて出でさせたまひぬ。そのをりは左京《さきやう》ノ大夫《だいぶ》とぞ申しし。弓をいみじく射させたまひしなり。又、いみじく好ませたまひしなり。けふに見ゆべきことならねども、人の御さまの、言ひ出でたまふことのおもむきより、かたへは臆せられたまふなめり。

れなさって、御手も震えるせいであろうか、その矢は的のあたり近くにさえ寄らないで、とんでもない見当違いの所を射なさったので、関白殿（＝道隆）の顔色は色青ざめてしまった。もう一度、入道殿（＝道長）が射なさる際に、「私が摂政・関白になるはずのものならば、この矢当たれ」とおっしゃって射なさると、初めのと同じように、的が壊れるほどに的の中心に射当てなさった。道長をもてなし、厚遇申し上げなさっていた興もさめて、気まずくなってしまった。父大臣（＝道隆）は、帥殿に「どうして射るのか。もう射るな、射るな」と止めなさって、座はしらけてしまった。入道殿は矢を戻して、そのままお帰りになってしまった。道長はその当時は左京ノ大夫と申し上げた。弓をたいそう上手に射なさったのである。また、弓をとてもお好きでいらっしゃったのである。今日すぐに実現するはずのことでないけれども、道長の御様子、言い出しなさることの内容から、帥殿は半ばは気おくれなさったようであるらしい。

◆重要単語チェック

※ ▭＝文中での意味

あそばす

●あーそばかすだらけなサル

①なさる。②（詩歌・管弦などを）なさる。③〜なさる。お〜になる。

わたる

●わたる君、行ったり来たりし続ける

①行く。来る。②年月が過ぎる。③〜し続ける。④一面に〜する。

やすし

●やすしは心穏やかだ

①心穏やかだ。②簡単だ。たやすい。③（「やすからず」で）不愉快だ。

さらば

●さらば地球よ、それならば

①それならば。②そのくせ。それなのに。

ものかは

●もの買はんやつは問題じゃない

①問題ではない。②〜ではないか。③〜であろうか、いや、そうではない。

な（〜そ）

●なー、そこでするな

①［穏やかな禁止］〜するな。〜してくれるな。

ことさむ

●今年寒いが今日もさむー

①興ざめる。しらける。

やがて

●矢が的中、そのまますぐ死んだ

①そのまま。②すぐに。

かたへ

●肩へそば粉

①そば。かたわら。②片方。半ば。

なめり

●なー、メリーちゃんであるらしい

①〜であるらしい。

18 ゴロゴプレミアム講義

『大鏡《おおかがみ》』は平安時代後期に成立した「歴史物語」。作者は未詳。内容的には藤原道長の栄華を中心に、紀伝体で記したもので、後世「鏡物《かがみもの》」と呼ばれるものの最初の作品。**『大鏡』は『今鏡』『水鏡』『増鏡』とともに「四鏡《しきょう》」と呼ばれる**。

「歴史物語」というジャンルは、中宮彰子の女房赤《あか》染衛門《ぞめえもん》がその一部を書いたと言われる『栄花(華)物語』が最初のもので、藤原道長の栄華が中心に書かれている。一方『大鏡』も藤原道長の栄華を中心に書かれたものだが、そこに歴史的な批判意識がある点が『栄花物語』とは決定的に異なっている。

『大鏡』の特徴としては、全編が会話体であることがあげられる。語り手としては、190歳の超老人「**大宅世継《おおやけのよつぎ》**」と、その旧知の仲である180歳の「**夏《なつ》山繁樹《やまのしげき》**」がいて、その二人に質問する30歳の「若侍」がいるという三人構成（ものすごいメンバーだね）。

雲林院《うりんいん》の菩提講《ぼだいこう》で説法が始まる前の退屈しのぎに、超老人の二人が百年以上も前の昔を思い出しながら語ったものを聞き取ったという体裁をとっている。主たる語り手（大宅世継）の名前をとって『世継物語』と言ったりもする。

『大鏡』は第三部でも扱うが、入試では敬語にからむ問題が多く出題される。今回の古文文法・虎の巻では「呼応の副詞」を扱ったが、それ以外にも、ざっと見ただけでも「あそばす」「たまふ」「おぼす」「おはします」「奉る」「候ふ」「おほす」などの敬語が多用されているのがわかる。ここは第三部をにらみつつ、敬語の先取り勉強をしてほしいところだ。

41 呼応の副詞は入試頻出！

●呼応の副詞と呼ばれるものがあるのでそれをまとめてみよう！

呼応の副詞 ベスト4！

① え～打消 ＝ 不可能「～できない」
② な～そ ＝ 禁止「～するな・～しないで下さい」
③ よも～じ（まじ） ＝「まさか～あるまい」
④ 全否定の副詞～打消 ＝ 全否定「まったく～ない」

※全否定の副詞には「つやつや・さらに・すべて・つゆ・おほかた・あへて・たえて」などがある。

例文①
え（副詞）詠み得ぬ（打消「ず」体）ほども心もとなし。
訳 詠むことができないときも、気がかりだ。

例文③
いまだ遠くはよも（副詞）行かじ（打消推量「じ」終）。
訳 まだ遠くへはまさか行くまい。

例文②
な（副詞）射そ（終助）、な（副詞）射そ（終助）。
訳 射るな、射るな。

例文④
おほかた（副詞）抜かれ（可能「る」未）ず（打消「ず」終）。
訳 まったく抜くことができない。

◆品詞分解チェック

帥殿の南の院①にて、人々集めて弓あそばし②しに、この殿渡らせたまへ③れば、思ひかけずあやしと、中ノ関白殿おぼし驚きて、いみじう饗応し申させたまひて、下臈におはしませど、前に立て奉りて、まづ④射⑤させ奉らせたまひけるに、帥殿の矢かず、今ふたつおとりたまひぬ。中ノ関白殿、又御前に候ふ人々も、「今二度延べさせ⑥給へ」と申して、延べさせたまひけるを、やすからずおぼしなりて、「さらば延べさせたまへ」と仰せられて、又射させたまふとて、仰せ⑦らるるやう、「道長⑧が家より帝・后立ちたまふ⑨べきものならば、この矢あたれ」と仰せらるる⑩に、おなじものを中心にはあたるものかは。（中略）父おとど、帥殿に「なに⑪か⑫射る。⑬な射⑭そ、な射そ」と制せさせたまひて、事さめにけり。入道殿矢もどして、やがて出でさせたまひぬ。そのをりは左京ノ大夫と⑮ぞ申し⑯し。弓をいみじく射させたまひしなり。又、いみじく好ませたまひしなり。けふに⑰見ゆべきことなら⑱ねども、人の御さまの、言ひ出でたまふことのおもむきより、かたへは臆せられたまふ⑲なめり。

①格助
②過去「き」(体)
③完了「り」(已)
④ヤ・上一・(未)
⑤使役「さす」(用)
⑥ハ・四・(命)（尊敬）
⑦尊敬「らる」(体)
⑧格助（連体修飾格）
⑨予定（当然）「べし」(体)
⑩接助
⑪係助（反語）
⑫ヤ・上一・(体)（結び）
⑬副詞（禁止）
⑭終助
⑮係助（強意）
⑯過去「き」(体)（結び）
⑰ヤ・下二・(終)
⑱打消「ず」(已)
⑲断定「なり」(体)（撥音便「なん」の無表記）

第二部

9

古今著聞集《ここんちょもんじゅう》

作者
橘成季《たちばなのなりすえ》

世俗説話
鎌倉時代中期

中頃、**なまめき**たる女房ありけり。**世の中**たえだえしかりけるが、みめかたち**愛敬《あいぎやう》づき**たる女《むすめ》をなん持ちたりける。十七八ばかりなりければ、これをいかにもして、**めやすき**さまにせ**ん**と思ひけるが、**かなしさ**のあまりに、八幡へ**具《ぐ》し**て参りつつ、泣く泣く**夜もすがら**御前にて、「わが身は、今はいかにも候ひなん。この女を**心やすき**さまに**見せさせ給へ**」と、数珠《ずず》をすりて、うち歎《なげ》きうち歎き申しける**に**、この女、参りつくより、母のひざを枕にして、起きもあがらず寝たりければ、あかつきがたになりて、母申しけるは、「かばかり思ひたちて、かなはぬ心に、**かちより**参りつるに、我がやうに、**夜もすがら**、神もあはれと**おぼしめす**ばかり申

そう遠くはない昔、**優美な様子**である女房がいた。**夫婦仲**が今にも絶えそうな状態であったが、顔かたちの**かわいらしい**娘を持っていた。娘は十七、八歳ほどだったので、この娘を何とかして**安心できる**様子にし**よう**と思っていたが、ある時、**かわいらしさ**のあまりに、石清水八幡宮に娘を**連れ**て、参詣して、泣き泣き**夜通し**神前にて、「私の身はもうどのようになっても構いません。この娘を**安心できる**様子にして**お見せください**」と、数珠をすり合わせて、歎きながら申し上げている**時に**、この娘はお宮に到着するやいなや、母親の膝を枕にして起きることもなく寝ていたので、明け方になって母親が申すには、「これほど決心をして、願いは成就しないと思いつつも**徒歩で**参詣したにつけても、私のように**夜通し**、神もかわいそうだと**お思いになる**くらいお願い申し上げるべきな**のに**、何も悩むことがないように寝ていらっしゃることの、**情けなさ**よ」と心をこめて訴

し給ふべきに、思ふことなげに、寝給へるうたてさよ」とくどかれて、女おどろきて、「かなはぬここちに苦しくて」といひて、

身のうさをなかなかにと石清水《いはしみず》
思ふ心をくみて知るらん

とよみたりければ、母もはづかしくて、ものもいはずして下向《げかう》するに、七条朱雀のほとりにて、世の中に時めき給ふ雲客《うんかく》、かつらよりあそびて帰り給ふが、この女をとりて車にのせて、やがて北の方にして始終いみじかりけり。

えなさった時に、娘は目を覚まして、「願いが成就しない気持ちで苦しくて」といって、

＝私は身のつらさをかえってなんともいえないが、石清水八幡宮の神様は、私の思っていることを汲みとってわかってくださるでしょう。

と詠んだので、母親もきまりが悪くなって、何もいわずに神前から帰って行く時に、七条大路と朱雀大路の交差するあたりで、今の世の中で時流に乗って栄えていらっしゃる殿上人が、桂から遊んで帰宅なさるところであったが、この娘をとらえて牛車に乗せて、家に連れて帰りそのまま正妻にして終生とても幸せだったということである。

◆重要単語チェック

※ ＝文中での意味

なまめく

●なまめく 優美ちゃん、みずみずしい

① 優美である。上品である。
② みずみずしくて美しい。

よのなか

●世の中 男と女の仲だらけ

① 男女の仲。夫婦の仲。
② この世。現世。③ 治世。④ 世間。

あいぎやう

●あいちゃんぎょうさんかわいらしい

① かわいらしさ。魅力。愛らしさ。
②（「愛敬づく」で）かわいらしい。

めやすし

●目安しっかり、そりゃ無難

① 無難だ。感じがよい。安心できる。

かなし

●悲しい臼井君、かわいい

① かわいい。いとしい。※ここでは名詞で「かわいらしさ」と訳す。

よもすがら

●余も菅原も、夜通し遊ぶ

① 夜通し。

かち

●かっちゃんトホホ

① 徒歩。
②（「かちより」で）徒歩で。

うたて

●歌ってみると、ますますひどい、情けない

① ますますひどく。② 情けなく。
※ここでは名詞で「情けなさ」と訳す。

おどろく

●おっと六時だ、はっと気づいて目が覚める

① はっとして気づく。
② 目が覚める。③ びっくりする。

ときめく

●ときめく心、超ー愛される

① 時勢にあって栄える。もてはやされる。
②（帝から）寵愛される。

19 ゴロゴプレミアム講義

『古今著聞集《ここんちょもんじゅう》』は鎌倉時代中期に成立した説話で、約720もの説話を収めている。内容的には世俗説話と言われるもので、**編者は橘《たちばなの》成季《なりすえ》**。平安時代成立の『今昔物語集』に次ぐ分量だが、『今昔物語集』が天竺(インド)、震旦(中国)、本朝(日本)の三部に分かれているのと違って、『古今著聞集』は基本的に日本の話に限って収録している。

『古今著聞集』は文章が比較的平易で、話もおもしろいので受験生にとってはとっつきやすい古文だろう。単語のレベルも標準的で、ゴロゴの確認にもなるはずだ。ここまでですでに200語近い古文単語を覚えてきたのだから、この程度の古文であれば、口語訳を見ないでも読めるようになっていてほしい。

さて今回の古文文法・虎の巻で扱った「いかー」で始まる副詞は、ここまでに何度か出てきた重要なもので、文中での用法と訳に気をつけたい。

また、今回の文中に何度か出てくる格助詞「より」はそれぞれ違った意味をもっているので注意。「参りつくより」の「より」は「〜やいなや」、「かちより」の「より」は「〜で」、「かつらより」の「より」は「〜から」の意で用いられている。特に「かちより」は「徒歩より」と漢字をあてて覚えておくと便利で、「徒歩で」と訳す。

そしてこの「より」にはもうひとつ重要な用法として「〜を通って」の意があり、例えば「前よりゆく水を初瀬川といふなりけり」とあれば「前を通って流れる水を初瀬川というのであった」となる。これはかなりの難問。

さて次はいよいよ第二部最後の講義だ。この調子で勉強していこう!

42 いか— で始まる副詞は解釈の鍵を握る！

● いか— で始まる副詞には いかで・いかが・いかに などがある。大きく言うと、①**疑問**、②**反語**、③**願望**の三つの意味があるが、③**願望**の場合は下に「意志・願望表現」（P121参照）を伴うのでわかりやすい。

例文①
いかにも《副詞》して《副助》、めやすきさまにせん《意志「ん」終》と、
訳 何とかして安心できる様子にしようと、

● 疑問か反語かの判断は文脈によるが、いかでかは・いかが(は)せむ の形の場合は、疑問よりも反語の用例の方が多い。

例文②
いかで《副詞》知るべき《可能「べし」体》。
訳（疑問）どうやって知ることができるだろうか。
訳（反語）どうして知ることができようか、いやできないだろう。
※文末のべきは副詞いかでに対応して連体形になっており、幅広い意味での「係り結び」となる。

例文③
酒宴ことさめて、いかがはせむ《連語》とまどひけり。
訳 酒宴の興も冷めて、どうしようか、どうしようもないと途方に暮れた。

◆品詞分解チェック

（前略）

十七八①**ばかり**②**なり**ければ、これをいかにもして、めやすきさまにせんと思ひけるが、かなしさのあまりに、八幡へ③**具し**て④**参り**つつ、泣く泣く夜もすがら御前⑤**にて**、「わが身は、今はいかにも⑥**候ひ**なん。この女を心やすきさまに⑦**見せ**⑧**させ**⑨**給へ**」と、数珠をすりて、うち歎きうち歎き申しける⑩**に**、この女、参りつく⑪**より**、母のひざを枕にして、起きもあがらず⑫**寝**たりければ、あかつきがたになりて、母申しけるは、「かばかり思ひたちて、かなはぬ心に、かち⑬**より**参りつるに、我がやうに、夜もすがら、神もあはれとおぼしめす⑭**ばかり**申し給ふ⑮**べき**に、思ふことなげに、寝⑯**給へ**⑰**る**うたてさよ」とくどか⑱**れ**て、女おどろきて、「かなはぬここちに苦しくて」といひて、

　身のうさを⑲**なかなかに**と石清水思ふ心をくみて知る⑳**らん**

（後略）

①副助（程度）
②断定「なり」(用)
③サ変・(用)
④ラ・四・(用)（謙譲）
⑤格助（場所）
⑥ハ・四・(用)（丁寧）
⑦サ・下二・(未)
⑧尊敬「さす」(用)
⑨ハ・四・(命)（尊敬）
⑩格助（時間）
⑪格助（即時）
⑫ナ・下二・(用)
⑬格助（手段）
⑭副助（程度）
⑮当然「べし」(体)
⑯ハ・四・(已)（尊敬）
⑰完了「り」(体)
⑱尊敬「る」(用)
⑲ナリ・形動・(用)
⑳現在推量「らん」(終)

第二部

10

増鏡《ますかがみ》

作者 二条良基《にじょうよしもと》

歴史物語

南北朝時代

上**の**その道を得たまへれば、下も自ら**とき**を知る**ならひにや**、男も女も、この御代《みよ》に当たりて、よき歌詠み多く**聞こえはべりし**中に、宮内卿の君といひしは、村上の帝の御後に、俊房の左の大臣と**聞こえし**人の**御末**《すゑ》なれば、はやうは**あて**人なれど、官浅くてうち続き、四位ばかりにて**失せ**にし人の子なり。まだいと若き齢《よはひ》にて、**そこひもなく**深き心ばへをのみ詠みしこそ、いと**ありがたく**はべりけれ。この千五百番の歌合のとき、院の上のたまふやう、「こたみは、皆世に**許**《ゆ》**り**たる古き道のものどもなり。宮内は**まだしかる**べけれども、**けしうはあらず**と見ゆ**めれ**ばなむ。**かまへて**まろが**面**《おもて》**起こす**ばかり、よき歌**つかうまつれ**よ。」と仰せらるるに、

上がその道を心得ていらっしゃるので、臣下も自然と時勢を知るという世の中の習慣によるのであろうか、男も女も、この帝の御代にあたって、優れた歌人が多く評判になりましたその中に、宮内卿の君と言った人は、村上帝の末裔で、俊房の左大臣と申し上げた人の御子孫なので、元来は高貴な家柄の人であるけれども、祖父、父と官職が低く続いて、四位ほどで亡くなってしまった人の子である。まだとても若い年齢で、限りなく深い風情ばかり詠んだのは、たいそうめったにないほどすぐれていることでございました。この千五百番歌合のとき、後鳥羽院がおっしゃることには、「このたびは、皆、すぐれた歌人として世間から認められた、和歌の道に老練な者たちである。宮内卿はまだ未熟であるだろうが、参加させても悪くはないと思われるようなので参加させたのだ。必ず私の面目が立つほど、よい歌を詠めよ」とおっしゃったところ、顔を赤くして、涙ぐ

面《おも》うち赤めて、涙ぐみて**さぶらひ**ける**気色**《けしき》、限りなき**好き**のほども、あはれにぞ見えける。いづれもとりどりなる中に、

薄く濃き野辺の緑の若草に
　跡まで見ゆる雪のむら消え

草の緑の濃き薄き色にて、去年《こぞ》のふる雪の遅く疾《と》く消えけるほどを、推し量りたる**心ばへ**など、**まだしからむ**人は、いと思ひよりがたくや。この人、年積もるまで**あらましかば**、**げに**いかばかり、目に見えぬ鬼神をも動かし**なまし**に、若くて失せにし、いと**いとほしく**　**あたらしく**なむ。かくて、このたび撰ばれたるをば新古今集といふ**なり**。

んで**お仕えし**ていた**様子**は、限りなく**風流に心をよせている**様子が知られ、しみじみと情趣深く見えた。さてその宮内卿の歌合せの歌はどれもそれぞれすぐれていた中に、

＝薄かったり濃かったりする野原の緑の若草の生え方によって、雪がまだらに消えた跡までがはっきりと見えることだ。

草の緑の濃淡によって、去年の残雪の消え方が遅かったり早かったりした様子を、推測した**趣向**などは、歌に**未熟であるような**人には、本当に思いつくことはできないであろうよ。もし、この人が、年老いるまで**生きていたならば**、**本当に**どれくらい、目に見えない鬼神をも感動させるような秀歌を詠んだこと**であろうのに**、若くして死んでしまったのは、たいそう**気の毒であり残念に**思われます。このようにして、このたび選ばれた歌集を『新古今集』というのである。

◆重要単語チェック

※ [ ] ＝文中での意味

うす
●うっすら死ぬ
① 死ぬ。この世からいなくなる。
② なくなる。消え去る。

ゆる
●ゆるゆると認められる
① 認められる。
② 許される。許可される。

まだし
●まだしっかりしていない
① しっかりしていない。未熟だ。
② まだ早い。

けしうはあらず
●化粧はあらずとも悪くはない
① 悪くはない。
② 不自然ではない。

かまへて
●かまへて打てば必ず当たる
① 必ず。ぜひとも。 ② 決して。
③ 注意して。気を付けて。

おもておこす
●表をこすって名誉を回復する
① 名誉を回復する。面目が立つ。

けしき
●毛、しきりにはみ出す様子
① 様子。 ② 意向。
③ (人や心の)様子。ありさま ④ 気分。

すき
●スキンヘッドは風流だ
① 風流。風流の道に心を寄せること。
② 好色。色好み。

こころばへ
●所のロバ変、気立てがよくて心遣いに趣がある
① 気立て。心遣い。 ② 意味。意向。
③ 趣。風情。

あたらし
●あー、たらしちゃったもったいない
① もったいない。惜しい。残念だ。

20 ゴロゴプレミアム講義

『増鏡《ますかがみ》』は室町時代（南北朝時代）に成立した「歴史物語」。作者は二条良基《にじょうよしもと》ではないかと推測されている。後鳥羽《ごとば》天皇の誕生から、後醍醐《ごだいご》天皇の隠岐《おき》からの還幸までの約150年間の歴史を編年体で記したもので、「四鏡」の最後の作品。

ちなみに「四鏡」とは『大鏡』『今鏡』『水鏡』『増鏡』の四つで、『大鏡』と『今鏡』は平安時代成立、『水鏡』は鎌倉時代成立、そしてこの『増鏡』は室町時代（南北朝時代）成立。**作品の成立順としては、「大根（今）水増し」と覚える**。一方、書かれている歴史的内容の順番としては、『水鏡』『大鏡』『今鏡』『増鏡』なので、こちらは「水大根（今）増す」と覚えるのだ！

さて今回は第二部の古文文法・虎の巻の締めくくりとして、「『にて』の識別」を取り上げた。同形品詞識別では「『に』の識別」がNO1であり、それをマスターしたうえでこの「『にて』の識別」に取り組んでほしい。

「『にて』の識別」においては、「にて」が一語の格助詞「にて」なのか、それとも二語に切れて、断定の助動詞「なり」の連用形「に」＋接続助詞「て」となるのかの識別がポイントだが、なかなか一筋縄ではいかない難しさだ。

基本的には「～であって」と訳すものが断定の助動詞「なり」の連用形「に」＋接続助詞「て」であり、単に「～で」としか訳さなければ格助詞「にて」と取れば当たりだ。また、断定の助動詞「なり」の連用形「に」がある場合、基本的にその下に「あり」に類する存在を表す語がくるが、これがよく省略されるので困りものなのだ。「にて（～あり）」という呼吸がつかめるようになればたいしたものだ。

43 「にて」がわかれば識別問題は卒業だ！

● 識別問題の最高峰、「にて」の識別で第二部を終了しよう。

「にて」の識別

① 断定なりの連用形に ＋ 接続助詞て
② 格助詞にて
③ 形容動詞の連用形活用語尾に ＋ 接続助詞て

例文①
父はなほ人にて、母なむ藤原なりける。
（断定「なり」用／接助／係助／断定／体）
訳 父は普通の身分の人であって、母は藤原氏の出身であった。
※断定なりの連用形に＋接続助詞ての場合は、「～であって」と訳す。

例文②
まだいと若き齢にて、
（格助）
訳 まだとても若い年齢で、

例文③
つらつきいとらうたげにて、
（ナリ・形動・用／接助）
訳 顔つきはとてもかわいらしくて、

過去問正解分析

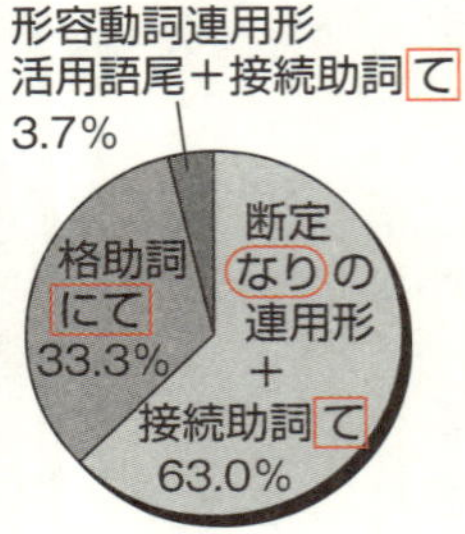

◆品詞分解チェック

上①のその道を得たまへ②れば、下も自らときを知るならひ③にや、男も女も、この御代に当たりて、よき歌詠み多く聞こえはべりし中に、宮内卿の君といひしは、村上の帝の御後に、俊房の左の大臣と聞こえし人の御末なれば、はやうはあて人なれど、官浅くてうち続き、四位ばかり④にて失せ⑤に⑥し人の子なり。まだいと若き齢⑦にて、そこひもなく深き心ばへをのみ詠みしこそ、いとありがたくはべりけれ。（中略）

薄く濃き野辺の緑の若草に跡まで⑧見ゆる雪のむら消え

草の緑の濃き薄き色⑨にて、去年のふる雪⑩の遅く疾く消えけるほどを、推し量りたる心ばへなど、まだしから⑪む人は、いと思ひよりがたくや。この人、年積もるまであら⑫ましか⑬ば、げにいかばかり、目に見えぬ鬼神をも動かし⑭な⑮ましに、若くて失せ⑯に⑰し、いといとほしく⑱あたらしく⑲なむ。かくて、このたび撰ばれたるをば新古今集といふ⑳なり。

①格助（主格）
②完了（存続）「り」㊀
③断定「なり」㊊
④格助
⑤完了「ぬ」㊊
⑥過去「き」㊍
⑦格助
⑧ヤ・下二・㊍
⑨格助
⑩格助（主格）
⑪婉曲「む」㊍
⑫反実仮想「まし」㊌
⑬接助（仮定条件）
⑭完了（強意）「ぬ」㊌
⑮反実仮想「まし」㊏
⑯完了「ぬ」㊊
⑰過去「き」㊍
⑱シク・形・㊊
⑲係助（強意）
⑳断定「なり」㊏

◆助詞ゴロまとめ

格助詞

●より《「より」》によって《「にて」》ノ《「の」》ヲ《「を」》ト《「と」》に《「に」》屁《「へ」》が《「が」》して《「して」》〜

①より ②にて ③の ④を ⑤と ⑥に ⑦へ ⑧が ⑨して

係助詞についてはP15、終助詞についてはP92を参照してくださいね。

副助詞

●ダニ《「だに」》すら《「すら」》ノミ《「のみ」》など《「など」》さへ《「さへ」》、芝《「し」》刈り《「ばかり」》まで《「まで」》する

①だに ②すら ③のみ ④など ⑤さへ ⑥し ⑦ばかり ⑧まで

接続助詞

●ヲ《「を」》ニ《「に」》が《「が」》とも《「と」「とも」》ども《「ど」「ども」》バ《「ば」》テ《「て」》ながら《「ながら」》、ものを《「ものを」》ものから《「ものから」》ものの《「ものの」》見事にで《「で」》ーして《「して」》つつ《「つつ」》いた

①を ②に ③が ④と・とも ⑤ど・ども ⑥ば ⑦て ⑧ながら ⑨ものを ⑩ものから ⑪ものの ⑫で ⑬して ⑭つつ

第三部

パーフェクト敬語編

第三部では受験生の苦手な「敬語」を一気に攻略しましょう。

入試で問われることも非常に多いので、正面から立ち向かってしっかりマスターしてください。

この章でいよいよ「ゴロゴ古文読解」も総仕上げ。心してかかるべし！

第三部
1
徒然草《つれづれぐさ》

作者
兼好法師《けんこうほうし》

随筆
鎌倉時代末

荒れたる宿の人目なきに、女の憚《はばか》る事あるころにて、つれづれと籠《こも》りゐたるを、或人、とぶらひ給はんとて、夕月夜《ゆふづくよ》のおぼつかなきほどに、忍《しの》びて尋ねおはしたるに、犬のことごとしくとがむれば、下衆女《げすをんな》の出でて、「いづくよりぞ」と言ふに、やがて案内《あない》せさせて入り給ひぬ。心ぼそげなる有様、いかで過ぐすらんと、いと心ぐるし。あやしき板敷にしばし立ち給へるを、もてしづめたるけはひの若やかなるして、「こなた」といふ人あれば、たてあけ所狭《せ》げなる遣戸《やりど》よりぞ入り給ひぬる。

内のさまは、いたくすさまじからず、心にくく、火はあなたにほのかなれど、ものの綺羅《きら》など見えて、俄《には》かにしもあらぬ匂《にほ》ひ、いとなつかしう住みなしたり。「門《かど》をよくさしてよ。雨もぞ降る。御車

荒れている家で、人の訪れもない所に、ある女が世の人と交わるのを遠慮することのあるころであって、所在なく閉じこもっているのを、ある方が、訪問なさろうとして、夕月のほの暗いうちに、人目を避けて訪ねていらっしゃったところ、その家の飼い犬が大袈裟に怪しんでほえるので、召使の女が出てきて、「どちらからおいでございますか」と言うので、その女に、そのまま取り次ぎをさせて、お入りになった。邸内の心細そうに見える様子は、どうやって日々を過ごしているのであろうかと、たいそう気の毒に思われる。粗末な板敷きのところに、しばらくお立ちになっていると、落ち着いた雰囲気で、若々しい女房の声で、「こちらへ」という人があるので、開け閉めも取り扱いにくそうな引き戸から中にお入りになった。

家の中の様子は、外に比べてそんなに興ざめというのではなく、奥ゆかしく、灯火は部屋の向こうのほうに、ほんのりと明るい程度であるが、調度の美しさなどが見えて、来客のため急にたいたとも思わ

は門《かど》の下に、御供の人はそこそこに」と言へば、「今宵《こよひ》ぞ安き寝《い》は寝《ぬ》べかめる」とうちささめくも、忍びたれど、ほどなければ、ほの聞こゆ。

さて、このほどの事ども、細やかに聞こえ給ふに、夜深き鳥も鳴きぬ。来しかた・行く末かけてまめやかなる御物語に、このたびは鳥も花やかなる声にうちしきれば、明けはなるるにやと聞き給へど、夜深く急ぐべき所のさまにもあらねば、少したゆみ給へるに、隙《ひま》白くなれば、忘れ難き事など言ひて立ち出で給ふに、梢《こずゑ》も庭もめづらしく青みわたりたる卯月《うづき》ばかりの曙《あけぼの》、艶《えん》にをかしかりしを思《おぼ》し出でて、桂《かつら》の木の大きなるが隠るるまで、今も見送り給ふとぞ。

れぬ香の匂いが、たいそう心ひかれる様子で住んでいる。「門をよく閉めてしまいなさいよ。雨が降ると困るから。御車は門の下に引き入れて、お供の人はどこそこに」とだれかが言うと、ほかの人が「今晩こそ安心して眠ることができそうです」と、そっとささやくのも、忍び声であるが、手狭な所なので、かすかに聞こえてくる。

さて、そのある人は近況などを女にいろいろと細かくお話し申し上げなさるうちに、夜中の一番鶏も鳴いてしまう。過去・将来にわたって、まじめなお話をなさるうちに、今度は鶏も陽気な声で、しきりに鳴くので、すっかり夜が明けてしまったのだろうかと、お聞きになるのであるが、夜の明けきらぬうちに、急いで立ち去らなければならない場所柄でもないので、少しゆっくりなさっているうちに、戸の隙間が明るくなってきたので、女の心に忘れられないことなどをいって、お出掛けになるときに、梢も庭もすばらしく一面に青々と茂っている四月ごろの明け方の景色が優美で趣のあったのをある人が、後に思い出されて、その辺りを牛車でお通りになるときには、その家の庭の桂の大きな木が見えなくなるまで、今でも、お見送りになるということである。

◆重要単語チェック

※ ■＝文中での意味

しのぶ

●しのぶちゃん人目を避けて恋い慕う

①こらえる。②人目を避ける。③秘密にする。④恋い慕う。

ことごとし

●コートごと死ぬのはおおげさだ

①おおげさだ。仰々しい。

こころぐるし

●所苦しそう、気の毒だ。気掛かりね

①（相手に対して）気の毒だ。②（自分にとって）気掛かりだ。

あやし

●あっヤシの実だ、いや、しいたけだ、そーまつぼっくりだ、不思議だな

①不思議だ。②けしからぬ。③卑しい。④粗末だ。

すさまじ

●スー様、爺は今日サメですぞ

①興ざめだ。つまらない。②寒々としている。

もぞ・もこそ

●もぞもぞすると困る、もこそもこそすると大変だ

①〜すると困る。〜すると大変だ。

いもぬ・いはぬ

●イモぬくぬく寝る

①寝る。眠る。

まめ（なり）

●マメはまじめだ、実用的だ

①まじめなさま。②実用的なさま。

※「まめやかなり」も同意語

めづらし

●めづらしいのは素晴らしく新鮮だ

①素晴らしい。②新鮮だ。③見慣れない。

えん（なり）

●えんなりかずき優美だ

①優美だ。しっとりと美しい。②色っぽい。③思わせぶりだ。

21 ゴロゴプレミアム講義

第三部では「敬語」に焦点を絞り、徹底的に敬語のマスターをはかっていく。受験生の多くが、この敬語が苦手だと感じているみたいだが、実は敬語は数も限られており、慣れてしまえばそれほど難しいものではない。ただ、どこが間違えやすいのかのポイントは押さえなければならないので、このプレミアム講義と古文文法・虎の巻で一緒に勉強していこう。

今回扱った敬語の中で、**最も大切なのは「給ふ」**だ。「給ふ」には四段活用のものと下二段活用のものとがあり、その識別はまたいずれ扱うが、ここではまず文章中に頻出する四段活用の「給ふ」の完全マスターをはかろう。

四段活用の「給ふ」は尊敬語であり、本動詞と補助動詞の用法とがある。文中で頻出するのは補助動詞のほうで、動詞の連用形の下に付いて尊敬の気持ちを表す。また、「せ給ふ」「させ給ふ」「しめ給ふ」の形で強い尊敬を表す（「最高敬語」あるいは「二重尊敬」と言う）場合も多い。ただ、この「せ給ふ」「させ給ふ」「しめ給ふ」の場合は、「使役＋尊敬」になる場合もあるので、詳しくはP206を参照してほしい。

次に「聞こゆ」も大切。通常語で「聞こえる」などの意で用いることもあるが、なんといっても謙譲語の用法をマスターしてほしい。「聞こゆ」が「言ふ」の謙譲語で「申し上げる」と訳す、というのはあまりにも現代語の感覚からは遠いものなので、早目に慣れておこう。

「おはす」はそれほど難しくはない。「いらっしゃる」と訳しておけばすべてOK！　という便利なもので、後は「あり・をり」「行く」「来」のどの方向性で用いられているかを文脈で判断すればいいだけだ。

44 四段のたまふは尊敬語！

●たまふという語は実は二種類あって、その識別は重要なのだが、ここではまず文中に頻出する**四段活用**のたまふの方から勉強しよう！

四段活用の給ふは尊敬語	
① 本動詞	ⓐ「与ふ・授く」の尊敬語「お与えになる・くださる」 ⓑ 命令形たまへ「〜してください」
② 補助動詞	ⓐ（連用形に付いて）「〜なさる・お〜になる」 ⓑ せたまふ、させたまふ、しめたまふの形で最高敬語を表す。 「〜なさる・お〜になる」 ※ただしせ・させ・しめが使役の場合は「〜させなさる」となる。

例文①
とぶらひ給は《補動・ハ・四・未》ん《意志「ん」終》とて
訳 訪問なさろうとして

例文②
大御酒たまひ《ハ・四・用》、禄たまは《ハ・四・未》む《意志「む」終》とて
訳 大御酒を下さり、御褒美を下さろうとして

例文③
あなかまたまへ《ハ・四・命》。
訳 うるさい、静かにしてください。

例文④
いとこまかにありさまを問はせ《尊敬「す」用》たまふ《補動・ハ・四・終》。
訳 帝はとても詳しくご様子を問いなさる。

45 おはすはサ変の尊敬語！

●おはすはサ変動詞で**尊敬語**。活用をまちがえないようにしよう！

おはせ ― おはし ― おはす ― おはする ― おはすれ ― おはせよ

●訳は「いらっしゃる」でほとんどの場合あてはまるが、元になる語が何であるのかを意識して訳そう。

尊敬語 おはす	
① 本動詞	ⓐ「あり・をり」の尊敬語 ⓑ「行く・来」の尊敬語 } 「～いらっしゃる」
② 補助動詞	連用形、あるいは「連用形＋て」に付いて「～ていらっしゃる」

例文①

忍びて訪ねおはし〔サ変・用〕たる〔完了「たり」体〕に、

訳 人目を避けて訪ねていらっしゃったところ、

※この「おはす」は行くの尊敬語。

例文②

小松大臣殿こそ、心も剛にはかりごともすぐれて〔接助〕おはせ〔補動・サ変・未〕しか〔過去「き」已〕、

訳 小松大臣は、心も豪胆で策略にもすぐれていらっしゃったが、

※この「おはす」は補助動詞。

例文③

竹の中におはする〔サ変・体〕にて知りぬ〔完了「ぬ」終〕。

訳 竹の中にいらっしゃるのでわかった。

※この「おはす」はをりの尊敬語。

46 ヤ行下二段の聞こゆは謙譲語に注目！

● **聞こゆ**という動詞は大きく分けると**通常語**と**謙譲語**とに分けられ、特に謙譲語の場合に注意が必要だ。また**ヤ行下二段活用**であることにも注意しよう！

ヤ行下二段 聞こゆ	
① 通常語	ⓐ「聞こえる」 ⓑ「世に知られる」 ⓒ「理解される」
② 謙譲語	ⓐ **本動詞言ふの謙譲語**「申し上げる・（手紙を）差し上げる」 ⓑ **補助動詞（連用形の下に付いて）**「～し申し上げる」 ※中古の謙譲の補助動詞としては、他に奉る・まゐらす・申すがあるが、中古では聞こゆと奉るが主流。

例文①
これ、昔、名高く聞こえ（ヤ・下二・用）たる（完了「たり」体）ところなり。

訳 ここは昔、評判高く世に知られた所である。

例文②
細やかに聞こえ（ヤ・下二・用・謙）給ふ（補動・ハ・四・体・尊）に、

訳 細かくお話し申し上げなさるうちに、

◆品詞分解チェック

荒れたる宿①の人目なきに、女②の憚る事あるころにて、つれづれと籠り③ゐたるを、或人、とぶらひ④給はんとて、夕月夜のおぼつかなきほど⑤に、忍びて尋ねおはしたる⑥に、犬⑦のことごとしく⑧とがむれば、下衆女⑨の出でて、「いづくよりぞ」と言ふに、やがて⑩案内せ⑪させて入り⑫給ひぬ。（中略）内のさまは、⑬いたくすさまじからず、心にくく、火はあなたにほのかなれど、ものの綺羅など見えて、俄かに⑭しもあらぬ匂ひ、いとなつかしう住みなしたり。「門をよくさし⑮てよ。雨もぞ降る。御車は門の下に、御供の人はそこそこに」と言へば、「今宵ぞ安き寝は⑯寝⑰べか⑱める」とうちささめくも、忍びたれど、ほどなければ、ほの聞こゆ。

さて、このほどの事ども、細やかに聞こえ給ふに、夜深き鳥も鳴きぬ。来しかた・行く末かけてまめやかなる御物語に、このたびは鳥も花やかなる声にうちしきれば、明けはなるる⑲にやと聞き給へど、夜深く急ぐべき所のさまにもあらねば、少したゆみ給へるに、（後略）

①格助（同格）
②格助（主格）
③ワ・上一・㊊
④補動・尊敬
⑤格助（時間）
⑥接助（単純接続）
⑦格助（主格）
⑧マ・下二・㊐
⑨格助（主格）
⑩サ変・㊍
⑪使役「さす」㊊
⑫補動・尊敬
⑬副詞（部分否定）
⑭副助（強意）
⑮完了（強意）「つ」㊀
⑯ナ・下二・㊎
⑰可能「べし」㊌
（撥音便の無表記）
⑱推定「めり」㊌（結び）
⑲断定「なり」㊊

第三部
2 宇《う》治《じ》拾《しゅう》遺《い》物《もの》語《がたり》

作者未詳

世俗説話

鎌倉時代前期

これも今は昔、白河院の御時、北おもての曹司に、**うるせき**女ありけり。名をば六とぞいひける。殿上人《てんじゃうびと》ども、もてなし興じけるに、雨うちそぼ降りて、つれづれなりける日、ある人、「六よびてつれづれ慰め**ん**」とて使をやりて、「六よびて**来**《こ》」と言ひければ、ほどもなく、「六召して参りて候ふ」と言ひければ、「**あなたより**内の出居の方へ**具**《ぐ》**し**て**来**《こ》」と言ひければ、侍出で来て、「こなたへ参り給ふ」と言へば、「**便なく候ふ**」など言へば、侍帰り来て、「召し候へば、『**便なく候ふ**』と申して、**恐れ**申し候ふなり」と言へば、つきみて言ふにこそと思ひて、「**など**かくは言ふぞ。ただ**来**《こ》」と言へども、「**ひが事**にてこそ候ふらめ。**さきざき**も、内の御出居などへ参ることも候はぬに」と言ひければ、

これも今はもう昔のこと、白河院の御代に、院の北面の武士の詰所に働く雑役女の中に、**気の利いた**女がいた。名を六といった。殿上人たちは、その六をもてはやして面白がっていたが、雨がしとしと降って、退屈だった日、ある人が、「六を呼んで、ひまつぶしをし**よう**」と言って、使者を送って、「六を呼んで**来い**」と言ったところ、間もなく使いの者が「六を呼んで参りました」と言ったので、そのある人が「**むこうから**、院御所の母屋の客間のほうへ**連れ**て**来い**」と言ったので、北面の侍が出ていって、「こちらへ参上なさい」と言うと、（録は）「それは私に**不都合なことでございます**」などと言うので、侍は戻ってきて、「呼びつけましたところ、『**不都合なことでございます**』と申しまして、**恐縮し**ているのでございます」と言うと、遠慮してそのように言うのだと思って、「**どうして**このように言うの**か**。すぐに**来い**」と言うけれども、（録は）「何かの**間違い**でございましょう。**以前**も母屋の客間のお部屋などへ参上したこともございませんのに」と言ったの

この多くゐたる人人、「ただ参り給へ。**やうぞあるらん**」と責めければ、「**ずちなき**恐れに候へども、召しにて候へば」とて参る。この主見やりたれば、刑部録といふ庁官、びん・ひげに白髪まじりたるが、とくさの狩衣《かりぎぬ》に青袴着たるがいとこと**うるはしく**、さやさやと鳴りて、扇を笏《しゃく》にとりて、すこしうつぶして、うづくまりゐたり。

大かたいかにいふべしともおぼえ**ず**、物も言は**れ**ねば、この庁官いよいよ恐れかしこまりてうつぶしたり。主、**さて**あるべきならねば、「やや、庁には、また何ものか**候ふ**」と言へば、「それがし、かれがし」と言ふ。いとげにげにしくもおぼえずして庁官うしろざまへすべりゆく。この主、「かう宮仕へするこそ**神妙なれ**。見参には必ず入れ**んずる**ぞ。**とうまかりね**」とこそやりけれ。この六、後に笑ひけるとか。

で、ここに大勢座っている人々が、「いいから参上しなさい。**何かわけがあるに違いない**」と責めたてると、（録は）「**どうしようもなく**恐れ多いことでございますけれども、お呼びでございますから」と言って参上する。この言い出したあるじ本人が客間に目を向けると、刑部省の録という院庁の役人で、鬢やひげに白髪の交じっている者で、とくさ色の狩衣に指貫を着た者が、大変**整った姿で**、さらさらと絹ずれの音をさせ、扇をまるで笏を取るように持って、少しうつぶせになって、うずくまって座っている。

あるじは思いがけない老人が出てきたので**全く**何を言っていいのかわから**ず**、何も言葉をかけ**られ**ないので、この役人は、ますます恐縮してうつぶせになっている。あるじは、**そのまま**黙っているわけにもいかないので、「おい、役所には他にどんな者がいるのか」と言うと、役人は「だれだれ、これこれ」と答える。この問いでは召しだされたわけが全くわからず、役人は後方へじりじりと下がっていく。このあるじは、「こうして宮仕えをすることは**感心なことである**。院に見せる名簿には必ずおまえの名前を入れ**よう**ぞ。**早くひき下がれ**」と言って帰らせた。この六という女は、後にこの話を聞いて笑ったとかいう話だ。

◆ 重要単語チェック

※ ＝文中での意味

ぐす

●グースカ寝たまま連れて行く、サー変

① 備わる。そろう。備える。そろえる。
② 連れて行く。従える。

びんなし

●ビンボーな梨では不都合だ

① 不都合だ。具合が悪い。
② 気の毒だ。

など（か・て・や）

●なー、どうしてどうして？

① 〔疑問〕どうして。
② 〔反語〕どうして（〜か、いや〜ない）。

ひがごと

●東に後藤家は間違いだ

① 間違い。あやまり。
② 道理に外れた行為。悪事。

さきざき

●先々で以前の彼女と会う

① 以前。過去。
② 将来。

ずちなし

●ずっとチューなしではどうしようもない

① どうしようもない。なすべき方法がない。

うるはし

●ウールはしっかり整っている

① 端麗である。立派だ。② 整っている。③ 格式ばっている。

おほかた

●つやつやの皿にすべってつゆをおおかたこぼしちまった、まったくついてないや。それでもあへてたえてる私

① （下に打消表現を伴って）まったく（〜ない）。

さて

●さて、そのままで

① そのままで。
② そうして。ところで。

とし

●年を取るのは早い

① （時期が）早い。
② （速度が）速い。

22 ゴロゴプレミアム講義

今回の『宇治拾遺物語』は少し長文で、内容的にも古文読解という点で練習になったはずだ。

お話としては、ある殿上人が「六」という名の女を呼んだつもりが、使いの者が間違えて呼んで来たのが「録」という老人。いまさら本当のことも言えなくなった殿上人が録を前にお茶を濁すという滑稽談。

発達したギャグセンスをもつ現代人（?）の私たちには、この程度のギャグがどうして当時おもしろい話として『宇治拾遺物語』にまで採られたのか、と疑問に思うところだが、まあ単純におもしろい話ではある、としておこう。

今回扱う敬語の中では、まずは**「候ふ」が大切**。これは「そうろう（さうらふ）」あるいは「さぶらふ」と読み、**謙譲語と丁寧語の二つの用法がある**。また、丁寧語の場合は本動詞と補助動詞の用法がある。同じような用法をもつものとして「侍り」があるが、中世後期以降この「候ふ」が「侍り」にとって代わった。

「召す」は尊敬語のみの用法。ただし本動詞の場合はいろいろな動詞の尊敬語として使われ、また補助動詞の場合は動詞の連用形に付いて尊敬の気持ちを表す。「おぼしめす」などのように尊敬語をさらに強める形で使われる場合もあり、それについてはP219を参照してほしい。

「参る」は、今でも「神社にお参りする」と使うように謙譲語が基本だが、尊敬語と丁寧語の用法もあるので要注意の敬語だ。なにせ**尊敬語・謙譲語・丁寧語のすべてにまたがる**ものだけに、文脈によってどの意味で使われているのかを判断しなければならない。古文文法・虎の巻にも書いておいたが、上位大学では「参る」は尊敬語としての用法を問われる場合が多い、というのは知っておいて損はないだろう。

47 召す はいろいろな語の尊敬語

●召す は文脈によって、いろいろな語の代わりに尊敬語として使われるものだ。まずはゴロでその意味を確認してみよう！

ゴ メス猫呼ぶと鳥寄せになる。空気ルンルン乗ってるかい!?

召す は以下の語の尊敬語

① 呼ぶ「お呼びになる」
② 取り寄す「お取り寄せになる」
③ 食ふ 飲む「召し上がる」
④ 着る「お召しになる」
⑤ 乗る「お乗りになる」

③④は前後の文脈で食事や衣服に関するものがある場合は要注意！

●召す が～めす の形で使われ、尊敬の動詞に付くと、その動詞の尊敬の度合いをさらに高める役割を果たす。

おぼす＋めす＝おぼしめす　　聞こす＋めす＝聞こしめす
知らす＋めす＝知らしめす

※くわしくはP219参照

48 候ふ は丁寧語と謙譲語

●候ふ（さぶらふ）は丁寧語と謙譲語の二つの意味を持つ。見分け方としては、高貴な人のそばに仕ふという場面で使われている候ふは謙譲語と判断する。意外に見分けにくいので注意だ！ 入試では口語訳が問われることが多いので、しっかり文脈で判断しよう。

候ふ	
①丁寧語	ⓐありをりゐるの丁寧語「あります・おります・ございます」 ⓑ補助動詞「～です・～ます・～でございます」
②謙譲語	ⓐ仕ふの謙譲語「お仕えする」 ⓑ行く・来の謙譲語「参上する・伺う」

※同じような使われ方をする侍り（P178参照）は、中古後半からこの候ふにとって代わられた。

例文①
あまたまゐり（謙）てさぶらふ（謙）なかに、
訳 たくさん参ってお仕えしている中で、

例文②
つれづれにさぶらふ（丁・体）に、さりぬべき物語やさぶらふ（丁・体）と、
訳 退屈しておりますので、何か適当なよいお話でもございますかと、

過去問正解分析

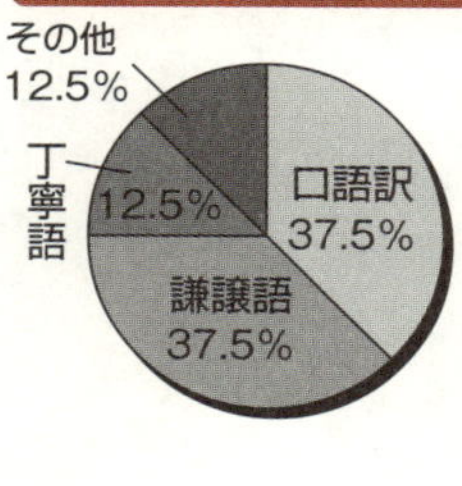

49 まゐるは三つにまたがる重要な敬語！

●まゐる（参る）は、なんと**謙譲語**、**尊敬語**、**丁寧語**の三つすべての意味をもつ単語だ！

今でも「お寺に参る」と使うように、基本は謙譲語だが、尊敬語や丁寧語で使われる場合は入試で狙われるので注意！

まゐるの3つの意味	
① 謙譲語	ⓐ 行くの謙譲語「参上する・参拝する・参詣する」 ⓑ 与ふ やるの謙譲語「差し上げる・～して差し上げる」
② 尊敬語	ⓐ 食ふ 飲むの尊敬語「召し上がる」 ⓑ 着る すの尊敬語「お召しになる・なさる」
③ 丁寧語	「参ります・行きます」

●下の正解分析を見てもわかるように、まゐるはまず謙譲語としての用法をしっかり押さえ、次に尊敬語、丁寧語の意もあることを確認しよう！

過去問正解分析

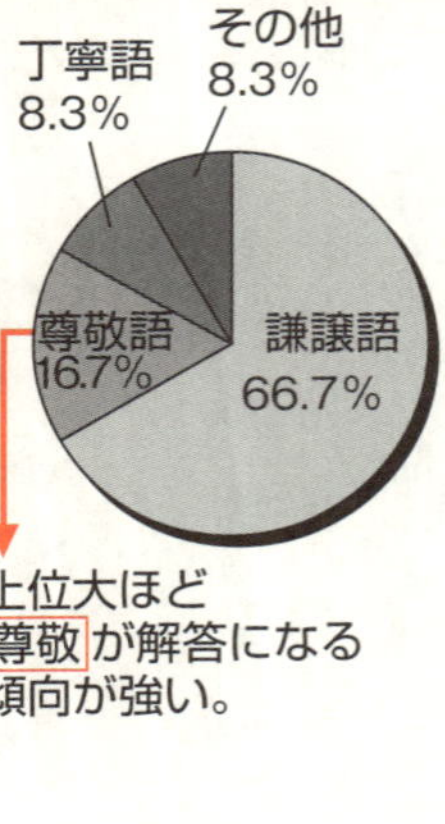

上位大ほど尊敬が解答になる傾向が強い。

◆品詞分解チェック

（前略）

ある人、「六よびてつれづれ慰めん。」とて使をやりて、「六よびて来。」と言ひければ、ほどもなく、「六①召して②参りて③候ふ。」と言ひければ、「あなたより内の出居の方へ具して来。」と言ひければ、侍出で来て、「こなたへ④参り⑤給へ。」と言へば、「便なく⑥候ふ。」など言へば、侍帰り来て、「⑦召し⑧候へば、『便なく⑨候ふ。』と申して、恐れ⑩申し⑪候ふなり。」と言へば、つきみて言ふにこそと思ひて、「などかくは言ふぞ。ただ来。」と言へども、「ひが事にてこそ⑫候ふらめ。さきざきも、内の御出居などへ⑬参ることも⑭候はぬに。」と言ひければ、この多くゐたる人人、「ただ⑮参り⑯給へ。やうぞあるらん。」と責めければ、「ずちなき恐れに⑰候へども、⑱召しにて⑲候へば。」とて⑳参る。

（後略）

①尊敬
②謙譲
③補動・丁寧
④謙譲
⑤補動・尊敬
⑥補動・丁寧
⑦尊敬
⑧補動・丁寧
⑨補動・丁寧
⑩補動・謙譲
⑪補動・丁寧
⑫補動・丁寧
⑬謙譲
⑭丁寧
⑮謙譲
⑯補動・尊敬
⑰補動・丁寧
⑱尊敬
⑲補動・丁寧
⑳謙譲

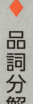

第三部

3

無《む》名《みょう》草《ぞう》子《し》

作者 藤原俊成女《ふじわらのとしなりのむすめ》

物語評論

鎌倉時代前期

「くりごとのやうには侍れど、つきもせずうらやましくめでたく侍るは、大斎院より、上東門院、『つれづれ慰みぬべき物語やさぶらふ』と尋ね参らせ給へりけるに、紫式部を召して、『何をか参らすべき』と仰せられければ、『めづらしきものは、何か侍るべき。新しく作りて参らせ給へかし』と申しければ、『作れ』と仰せられけるをうけたまはりて、『源氏物語』を作りたりけるこそ、いみじくめでたく侍れ」と言ふ人侍れば、また、「いまだ宮仕へもせで里に侍りける折、かかるもの作り出でたりけるによりて、召し出でられて、それゆゑ紫式部といふ

「愚痴のようではございますが、いつまでたっても、うらやましくも素晴らしくも思いますのは、大斎院から上東門院に、『退屈が慰められるに違いないような物語はありますか』と、お尋ね申し上げなさったときに、上東門院は紫式部をお呼び出しになって、『何を差し上げたらよいか』とおっしゃったので、紫式部が『目新しい作品は、何もございません。新しく作って差し上げなさいませ』と申し上げたところ、上東門院が『それでは、おまえが作りなさい』とおっしゃったのをお受けして、『源氏物語』を作ったと言うのは、まことに素晴らしいことです」と言う人がおりますと、またある人が、「紫式部がまだ宮仕えもしないで、自分の家におりましたときに、このような物語を作り出したことによって、上東門院のもとに召し出されて、そのために源氏物語の若紫にちなんで紫式部という呼び名を付けたのだ、と申しますのは、どちらが本当なのでしょ

名は付けたり、とも申すは、いづれかまことにて侍らむ。その人の日記といふもの侍りしにも、『参りけるはじめばかり、恥づかしうも心にくくも、また添ひ苦しうもあらむずらむと、おのおの思へりけるほどに、いと思はずにほけづき、かたほにて、一文字《もんじ》をだに引かぬさまなりければ、かく思はず、と友達ども思はる』などこそ見えて侍れ。君の御有様などをば、いみじくめでたく思ひきこえながら、つゆばかりもかけかけしく馴らし顔に聞え出でぬほども、いみじく。また皇太后宮の御事を、限りなくめでたく聞ゆるにつけても、愛敬《あいぎやう》づきなつかしくさぶらひけるほどのことも、君の御有様も、なつかしくいみじくおはしましし、など聞えあらはしたるも、心に似ぬ体《てい》にてあめる。」

うか。その人（＝紫式部）の日記というものがございましたのにも、『上東門院に出仕しました初めのころ、私のことを立派だと思い、奥ゆかしくもあり、また一緒にいると気詰まりでもあるだろうと、仲間の女房たちがそれぞれ思っていたころに、実際には全く意外にぼんやりしていて、世慣れておらず、『一』という文字さえも書かない（漢字の知識などない）様子だったので、こうだとは思わなかった、と友人たちにも思われた』などと見えております。主君（＝藤原道長）の御様子などを、たいそう素晴らしいものだと思い申し上げながら、ほんのわずかばかりも気を引くようになれなれしげな態度で話題にし申し上げることがないことも、素晴らしいことですよ。また上東門院の御事を、この上もなく立派にお書き申し上げるにつけても、敬愛の念をもって心ひかれる様で親しくお仕えしていた当時のことも、主君（＝道長様）の御様子も、心ひかれる感じでご立派でいらっしゃった、などと書き表し申しあげているのも、紫式部の控えめな人柄に似つかわしくないようであるらしい。」

◆重要単語チェック

めでたし
●目ー出たしっかり素晴らしい
①素晴らしい。立派だ。②喜ばしい。祝うべきだ。

さぶらふ・はべり
●「三郎 はベリーマッチョでございます」とお仕えする
①お仕えする。②ございます。③〜ます。〜でございます。

うけたまはる
●うっ！毛に玉はる、おー受けする
①お受けする。②お聞きする。③お引き受け申し上げる。

まゐる
●まーイルカを差し上げに参上する
①参上する。出仕する。②してさしあげる。③差し上げる。④召し上げる。

こころにくし
●所の憎しみ、なぜか奥ゆかしい
①奥ゆかしい。上品だ。②恐るべきだ。③不審だ。

※ ■ ＝文中での意味

むずらむ
●むっ、ズラむりだろう
①〜だろう。

かたほ（なり）
●片方じゃ不完全だ
①不完全だ。未熟だ。世慣れていない。

つゆ
●つやつやの皿にすべって つゆをおほかたこぼしちまった、まったくついてないや。それでもあへて たえてる私
①（下に打消表現を伴って）まったく（〜ない）。

なつかし
●懐かしい映画に心ひかれる
①心ひかれる。慕わしい。②親しみやすい。③懐かしい。

あめり
●アメリカにあるらしい
①あるらしい。あるようだ。

23 ゴロゴプレミアム講義

『無名草子《むみょうぞうし》』は鎌倉時代前期の物語評論で、作者は藤原俊成女《ふじわらのとしなりのむすめ》と言われている。女房たちの会話を老尼が聞いているという形式で、これは『大鏡』にヒントを得ている。

内容は『源氏物語』や『狭衣物語』などの物語論・歌集論・人物論で、**現存する最古の物語評論**。作者の藤原俊成女は、有名な藤原俊成の養女。**藤原俊成**といえば「幽玄《ゆうげん》」を理想とした大歌人で、『千載集《せんざいしゅう》』の撰者でもあった。歌論書の『古来風体抄《こらいふうていしょう》』は文学史問題で出題されることがある。息子の**藤原定家《ふじわらのさだいえ》**も大歌人で、こちらは『新古今和歌集』の撰者ということで有名だね。

さて今回の**敬語のテーマは「侍り」**だ。前回扱った「候ふ」と同じような使い方をする語だが、平安時代半ばまではこちらの「侍り」のほうが盛んに使われていた。その後しだいに「候ふ」にとって代わられ、江戸時代などの手紙では、文末が「〜候《そうろう》」と終わるのが一般的になった。

「侍り」は謙譲語と丁寧語の用法があり、補助動詞の場合はすべて丁寧語。問題は謙譲語の場合で、これは気をつけてほしい。貴人のそばに「仕える」という場合は謙譲語で「お仕えする」、単にものが「あり・をり・ゐる」場合は「ございます」となる。このあたりは「候ふ」と同じ識別の仕方をすればいい。

ただし、「侍り」はラ変動詞なので活用に注意が必要で、特に係り結びの結びになっている場合は気をつけよう。係助詞「ぞ・なむ・や・か」の結びならば連体形「侍る」、「こそ」の結びならば已然形「侍れ」となる。

50 侍り は丁寧語と謙譲語

●前講で勉強した**候ふ**とこの講で勉強する**侍り**との関係は、**候ふ**≒**侍り**と言っていいものだ。ただし、中古までは盛んに使われていた**侍り**は、中古後半から次第に**候ふ**にとって代わられてしまう。また、**侍り**はラ変動詞であることに気を付けよう！

ラ変 侍り	
① 丁寧語	ⓐ **あり**・**をり**・**ゐる**の丁寧語「あります・おります・ございます」 ⓑ 補助動詞「〜です・〜ます・〜でございます」
② 謙譲語	**仕ふ**の謙譲語「お仕えする」

例文①
いまだに宮仕えもせで里に**侍り**（丁）ける折、
訳 紫式部がまだ宮仕えもしないで、自分の家におりましたときに、

例文②
つきもせずうらやましくめでたく**侍る**（補動・丁）は、
訳 いつまでたってもうらやましくもすばらしくございますのは、

例文③
「誰々**か**　**はべる**（謙・体）」と問ふこそをかしけれ。
訳 「誰それがお仕えしているのか」と問うのが趣深い。

過去問正解分析

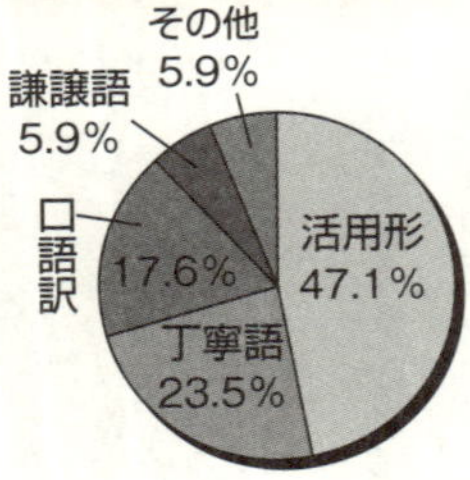

◆品詞分解チェック

「くりごとのやうには侍れ①ど、つきもせずうらやましくめでたく侍る②は、大斎院より、上東門院、『つれづれ慰みぬべき物語やさぶらふ③』と尋ね参ら④せ給へ⑤りけるに、紫式部を召して、『何をか参らす⑥べき』と仰せ⑦られ⑧ければ、『めづらしきものは、何か侍る⑨べき。新しく作りて参らせ⑩給へ⑪かし』と申しければ、『作れ』と仰せられけるをうけたまはり⑫て、『源氏物語』を作りたりけるこそ、いみじくめでたく侍れ」と言ふ人侍れ⑬ば、また、「いまだ宮仕へもせで里に侍り⑭ける折、かかるもの作り出でたりけるによりて、召し出でられて、それゆゑ紫式部といふ名は付けたり、とも申すは、いづれかまことにて侍らむ。その人の日記といふもの侍り⑮しにも、『参り⑯けるはじめばかり、恥づかしうも心にくくも、また添ひ苦しうもあらむず⑰らむ⑱と、おのおの思へりけるほどに、いと思はずにほけづき、かたほにて、一文字をだに⑲引かぬさまなりければ、かく思はず、と友達ども思はる』などこそ見えて侍れ⑳。（後略）

- ①丁寧
- ②補動・丁寧
- ③丁寧
- ④補動・謙譲
- ⑤補動・尊敬
- ⑥謙譲
- ⑦尊敬
- ⑧尊敬「らる」㊊
- ⑨丁寧
- ⑩謙譲
- ⑪補動・尊敬
- ⑫謙譲
- ⑬丁寧
- ⑭丁寧
- ⑮丁寧
- ⑯謙譲
- ⑰推量「むず」㊎
- ⑱現在推量「らむ」㊎
- ⑲副詞（類推）
- ⑳補動・丁寧

第三部
4
古本説話集《こほんせつわしゅう》

作者未詳

世俗説話
平安時代末

今は昔、紫式部、上東門院に歌よみ**優**《いう》の者にて**さぶらふに**、大斎院より、春つかた、「**つれづれに**さぶらふ**に**、さりぬべき物語や**さぶらふ**」と尋ね申させたまひければ、御草子ども取り出ださせたまひて、「いづれをか、**まゐらすべき**」など、選り出ださせたまふ**に**、紫式部、「みな目馴れてさぶらふ**に**、新しくつくりて、**まゐらせ**たまへかし」と申しければ、「**さらば**つくれかし」と**仰せ**《おほ》られければ、源氏はつくりて、**まゐらせ**たりけるとぞ。

いよいよ心ばせすぐれて、**めでたき**ものにて**さぶらふ**ほどに、伊勢大輔**まゐりぬ**。それも歌

今はもう昔のこと、紫式部が、上東門院〔＝中宮彰子〕に**優れた**歌詠みとして**お仕えしているときに**、大斎院〔＝選子内親王〕から、春ごろ、「**退屈して**おりま**すので**、何か適当なよいお話でも**ございます**か」と尋ね申し上げなさったところ、上東門院は幾つか御草子〔＝綴本〕をお出しになって、「どれを**差し上げるのがいいでしょうか**」などとおっしゃって、選び出しなさった**ときに**、紫式部が、「どれも見慣れておりま**すので**、新しく物語を作って、**差し上げ**なさいませよ」と申しあげたので、上東門院が「**それならば**あなたが作りなさいよ」と**おっしゃっ**たので、『源氏物語』を作って、**差し上げ**たということだ。

紫式部はますます心遣いも優れて、**すばらしい**人物として**お仕えしている**ころに、伊勢大輔が宮中に**参上した**。この方も歌詠みの家柄なので、道長殿は、大切におもてなしなさる。奈良から、一年に一回、

よみの筋なれば、殿、いみじくもてなさせたまふ。奈良より、年に一度、八重桜を折りて、持てまゐるを、紫式部、とりつぎて、**まゐらせ**などして、歌よみけるに、式部、「今年は、大輔に譲り**さぶらはむ**」とて、譲りければ、とりつぎてまゐらすに、殿、「遅し遅し」と仰せらるる御声につきて、

いにしへの奈良の都の八重桜
けふ**九重**《ここのへ》に**にほひ**ぬるかな

「とりつぎたるほどもなかりつる**に**、いつの間に思ひつづけ**けむ**」と、人も思ふ、殿も**おぼしめし**たり。

八重桜を折り取って、それを持って参上したが、紫式部は、それを取り次いで、道長殿に**献上する**などして、歌を詠んでいたが、式部が、「今年は、大輔にその役を譲り**ましょう**」と言って、譲ったところ、大輔が取り次いで献上した時に、道長殿が、「遅い遅い」とおっしゃったので、そのお声に続けて、

＝古都奈良から贈られた八重桜が、今日はこの**宮中**で**美しく咲き誇って**いることよ。

「歌を作るよう連絡し、それを献上するまでの時間もあまりなかった**のに**、いつの間に心の思いを歌に詠ん**だのだろう**」と、だれも思ったが、道長殿も同じことを**お思いになっ**た。

◆重要単語チェック

※ ■ ＝文中での意味

いう(なり)

①上品だ。優美だ。　②素晴らしくよい。優れている。

●優子のうなり声、上品ね。素晴らしいわ

さぶらふ・はべり

①お仕えする。　②ございます。　③〜ます。〜でございます。

●「三郎　はベリーマッチョでございます」とお仕えする

つれづれ(なり)

①手持ち無沙汰だ。所在ない。　②どうしようもなくひとりもの思いに沈むさま。

●つれーづれー、手持ち無沙汰だ

まゐらす

①差し上げる。　②〜し申し上げる。

●まーイライラすると申し上げる

さらば

①それならば。　②そのくせ。それなのに。

●さらば地球よ、それならば

おほす

①おっしゃる。　②命じる。

●オホホ、ステキとおっしゃる

めでたし

①素晴らしい。立派だ。　②喜ばしい。祝うべきだ。

●目ー出たしっかり素晴らしい

ここのへ

①宮中。皇居。　②幾重にも重なること。

●ここの部屋は宮中みたい

にほふ

①つややかに美しい。　②色づく。　③香気がただよう。　④栄える。

●日本のフン、つややかに美しい

おぼす

①お思いになる。

●大ボスがお思いになる

24 ゴロゴプレミアム講義

『古本説話集《こほんせつわしゅう》』は平安時代末期から鎌倉時代初期に成立した説話で、世俗説話。

今回扱う敬語は「まゐらす」だが、文中には「さぶらふ」「たまふ（四段＝尊敬）」「おほす」「まゐる」「おぼしめす」などの敬語がほどよく使われていて、**敬語のまとめとして最適**だ。内容は『源氏物語』の成立についての経緯を書いたもので、読みやすい。

さて、本題の「まゐらす」だが、古文文法・虎の巻にもあるように、「まゐる」よりも一段高い敬意を表す謙譲語で、本動詞と補助動詞の用法がある。「まゐる」はすでにＰ172で勉強したが、まだしっかりと定着していない人はもう一度戻って確認しよう。

中古の謙譲の補助動詞としては「聞こゆ」「奉る」「申す」が主流だったが、しだいに「まゐらす」が多く使われるようになり、現代語の「ます」へとつながった。こうやってみると言葉の変遷というのはおもしろいものだねっ

古文での主格は「の」が多く、古文で「花の咲く」とあれば、「花が咲く」と訳す。主格が「の」から「が」へと移行したわけだ。ちなみに現代では主格は「が」から「は」へと移行している気がする。「僕がやります！」に対して「僕はやります！」と言うと微妙にニュアンスが違うよね。

また、「僕がやりました」だと、やったのは僕で～すとちょっと誇る場面か、ないしは、僕がやったと罪を認めた感じ（笑）。一方「僕はやりました」だと誤解を解く感じ（他の人はやってないけど「僕『は』」ちゃんとやりました）という気がしませんか。さらに言えば「僕はやりません」とは言えても、「僕がやりません」とは言えない。こうやって考えると言葉の変遷というのもおもしろいものだね。

51 まゐらすはまゐるの一段高い敬意を表す謙譲語

●**まゐらす**は**まゐる**に使役の**す**がついて**まゐる**よりも一段高い敬意を表している。「差し上げる・献上する」と訳す。

●補助動詞として**まゐらす**が用いられる場合は「〜し申し上げる」と訳す。**聞こゆ** **奉る** **申す**が中古では主流だったが、次第に**まゐらす**が補助動詞の謙譲語として多く使われるようになり、現代語の「ます」へとつながった。

謙譲の補助動詞の変遷	
上代	申す
中古	聞こゆ 奉る（申す）
中世	まゐらす

例文①

いづれをか、**まゐらす**べき。

（まゐらす：「与ふ」の謙）

訳 どれを**差し上げる**のがいいでしょうか。

例文②

つき **まゐらせ**たる女房たちも、

（つき：動詞　まゐらせ：補動・謙）

訳 お付き**申し上げて**いる女房たちも、

謙譲の補助動詞はP228でもまとめています。

◆品詞分解チェック

今は昔、紫式部、上東門院に歌よみ優の者にてさぶらふ①に、大斎院より、春つかた、「つれづれにさぶらふ②に、さりぬべき物語やさぶらふ③」と尋ね申させ④たまひ⑤ければ、御草子ども取り出ださせ⑥たまひ⑦て、「いづれをか、まゐ⑧らすべき」など、選り出ださせたまふに、紫式部、「みな目馴れてさぶらふ⑨に、新しくつくりて、まゐらせ⑩たまへ⑪かし」と申し⑫ければ、「さらばつくれかし」と仰せ⑬られ⑭ければ、源氏はつくりて、まゐらせたりけるとぞ。

いよいよ心ばせすぐれて、めでたきものにてさぶらふ⑮ほどに、伊勢大輔まゐ⑯りぬ。それも歌よみの筋なれば、殿、いみじくもてなさせ⑰たまふ⑱。奈良より、年に一度、八重桜を折りて、持てまゐる⑲を、紫式部、とりつぎて、まゐらせなどして、歌よみけるに、式部、「今年は、大輔に譲りさぶらはむ⑳」とて、

（後略）

①謙譲
②補動・丁寧
③丁寧
④尊敬「す」用
⑤補動・尊敬
⑥尊敬「す」用
⑦補動・尊敬
⑧謙譲
⑨補動・丁寧
⑩謙譲
⑪補動・尊敬
⑫謙譲
⑬尊敬
⑭尊敬「らる」用
⑮謙譲
⑯謙譲
⑰尊敬「す」用
⑱補動・尊敬
⑲謙譲
⑳補動・丁寧

第三部

5 無《む》名《みょう》抄《しょう》

作者 鴨長明《かものちょうめい》

歌論

鎌倉時代初期

俊恵《しゅんゑ》曰く、「五条三位入道のみもとにまうでたりしついでに、『御詠《ごえい》の中には、何《いづ》れかすぐれたりとおぼす。よそ人はやうやうに定め侍れど、それをば用ひ侍るべからず。まさしく承り候はむ』と聞こえしかば、

『夕されば野べの秋風身にしみて
鶉《うづら》鳴くなり深草の里

これをなむ、身にとりて、おもて歌と思ひ給ふる』といはれしを、俊恵また曰く、

『世にあまねく人の申し侍るは、
面影に花の姿を先立てて
幾重越え来《き》ぬ峯の白雲

これをすぐれたるやうに申し侍るはいかに』と聞こゆれば、『いさ、よそにはさもや定め侍らむ、知

俊恵が言うには、「五条三位入道のお宅に参上した機会に、『お詠みになった歌の中では、どれが優れているとお思いですか。他の人たちはさまざまに評定しておりますが、それを取り入れるわけにはいきません。御自身の口から確かにお聞きしましょう』と申し上げたところ、三位入道は、

『＝夕方になると、野辺を吹き渡る秋風が身にしみて感じられる。この草深い深草の里で、鶉もこの秋風に感じて鳴いているようだよ。

この歌を、私にとっては、代表歌と思っております』とおっしゃったので、俊恵がまた言ったのは、

『世間で広く人々が申しておりますのは、

＝山の頂にかかった白雲が、まるで咲きほこる桜であるかのように思わせるので、それを目がけていくつもの峰を次々と越えて来たことだ。

この歌を優れているように申しておりますのは、どうですか』と申しあげると、俊成卿は『さあ、世間

らず。**なほ**みづからは、先の歌にはいひくらぶ**べからず**』とぞ侍りし」と語りて、これをうちうちに申ししは、「かの歌は、身にしみてといふ**腰の句**、いみじく無念に覚ゆるなり。これ程になりぬる歌は、けしきをいひ流して、ただそらに、身にしみけむかしと思はせたる**こそ**、**心にくく**も、**優《いう》に**も**侍れ**、いみじくいひもてゆきて、**歌の詮《せん》**とすべきふしを、**さはさはと**いひあらはしたれば、**むげに**事浅くなりぬるなり」とて、その次に、「わが歌の中には、

み吉野の山かき曇り雪降れば
麓《ふもと》の里はうちしぐれつつ

これをなむ、**かのたぐひ**にせむと思ひ**給ふる**。もし世の末に**おぼつかなく**いふ人も**あらば**、『かくこそいひしか』と語り給へ」とぞ。

ではそのように評定しておりましょうが、私は知りません。**やはり**自分では、先の「夕されば」の歌と比べて言うことは**できません**』ということでした」と語って、更にこの件について内々に申しましたには、「あの『夕されば』の歌は、身にしみてという**腰の句〈＝五七五七七の真ん中の五文字〉**が、ひどく残念に思われるのです。これくらいの優れたものになった歌は、情景をさらっと言い表して、ただ言外に、身にしみたことだろうよと思わせたの**が**、**奥ゆかしくもあり**、**優美で**もあるの**ですが**、素晴らしく表現していって、**歌の眼目**とすべきところを、**はっきりと**言葉で言い表してしまったので、**ひどく**味わいが浅くなってしまったのです」と言って、その次に、俊恵は「私の歌の中では、

＝吉野山の峰の辺りを暗く雲が覆って、雪が降っているので、このふもとの里では、時雨がさっと降っては過ぎていくことだ。

この歌を、**あの類の代表歌**にしようと思い**ます**。もしも後世に、俊恵の代表歌が**はっきりしない**と言う人が**いたら**、『俊恵はこう言っていたよ』とお話ください」ということだった。

◆重要単語チェック

※ ＝文中での意味

まうづ

●まーうづうづ**参る**

① 参る。 参上する。 ② 参詣する。

さぶらふ・はべり

●「三郎 はベリーマッチョで**ございます**」と**お仕えする**

① お仕えする。 ② ございます。 ③ ～ます。 ～でございます。

うけたまはる

●うっ！ 毛に玉はる、**おー受けする**

① お受けする。 ② お聞きする。 ③ お引き受け申し上げる。

きこゆ

●「聞こう、ゆっくり」「では**申し上げる**。**わかる**殿って**評判ですよ**」

① 申し上げる。 ② ～し申し上げる。 ③ 評判である。 ④ わけがわかる。

ゆふされば

●UFO去れば**夕方になる**、UFO去ると**夕方になる**

① 夕方になる。

たまふ

●会話での「知り 思ひ、見ー聞き 給へ」は**謙譲**でお**ます**

① ［謙譲の補助動詞］ ～ます。 ～させていただく。

いさ(や)

●「いさ子や、おいで」「**さあ、どうかな**」

① さあ、どうかな。 ② さあねえ。

いう(なり)

●優子のうなり声、**上品**ね。**素晴らしい**わ

① 上品だ。 優美だ。 ② 素晴らしくよい。 優れている。

むげ(なり)

●むげー！ **ひでー**！

① この上なくひどいさま。 最低。 最悪。 ② ひどく身分が低いこと。

おぼつかなし

●おー、ボツ悲しい**気掛かりだ**、結果が**はっきりしなくて待ち遠しい**

① 気掛かりだ。 ② はっきりしない。 ③ 不審だ。 ④ 待ち遠しい。

25 ゴロゴプレミアム講義

『無名抄《むみょうしょう》』は鴨長明《かものちょうめい》によって書かれた鎌倉時代初期に成立した歌論集。鴨長明と言えば後鳥羽院《ごとばいん》にも認められた歌人だが、後に出家して方丈の庵《いおり》を結んだ。**随筆『方丈記』**が有名だが、**歌論『無名抄』**や**仏教説話『発心集』**も入試では頻出する。その場合、当然文学史問題でも問われるので、この三つの作品は鴨長明作ということで、合わせて覚えておきたいところだ。

今回の敬語では何と言っても下二段の「給ふ」が大切。第三部の1講目でやった四段の「給ふ」が尊敬語であったのに対して、**下二段の「給ふ」は謙譲語**であり、この二つの「給ふ」の識別は入試頻出。

そもそも活用が違うのだから識別は簡単そうに思うが、なかなかそうはいかない。古文文法・虎の巻でも書いているように、「給は・給ひ・給ふ」という形は四段にしか存在しないので、イコール「尊敬」。一方「給ふる・給ふれ」という形は下二段にしか存在しないので、イコール「謙譲」。ここまではOKだね。

さて**問題は四段にも下二段にも存在する「給へ」**という形だが、この識別ができなければ大学入試は突破できないと思って頑張ってほしい。ポイントは活用形で、**「給へ」が未然形か連用形なら下二段で謙譲語、已然形か命令形なら四段で尊敬語**となる。いずれにせよ、いくつか練習して慣れておくようにしよう。

さて、敬語でもう一つ扱う謙譲語の「まうづ」だが、中古では「まうづ・まうでく」が「参上する」の意で使われるのに対して、その反対に「退出する」の意では「まかる」が使われたという関係をしっかり覚えよう。「まうづ」した人は、そこから「まかる」したのだ。

52 まうづを中心に「参上する⇔退出する」の関係を整理しよう！

●現代でも「お寺にもうでる」と言うが、その元となったのが、このまうづという**謙譲語**だ。「参上する」と訳す場合が多いが、このまうづの対義語で「退出する」という意を表したのはまかるという語。

	「参上する」	「退出する」
上代	まゐる	まかる
中古	まうづ・まうでく	まかる

※まうでくには「参ります」という意の丁寧語の意もある。

●上代ではまゐる⇔まかるという対応関係だったが、中古ではまうづ まうでく⇔まかるとなった。

例文①
五条三位入道のみもとにまうで（謙）たりしついでに、
訳 五条三位入道のお宅に参上した機会に、

例文②
憶良らは今はまから（謙）む（意志）子泣くらむ
訳 私、憶良めはもう退出しよう、今ごろ家で子供が泣いているだろう。

53a 下二段活用の給ふは謙譲語だ!!

●P162で勉強した**給ふ**は四段活用の動詞（補助動詞）だった。ところが**給ふ**にはもうひとつ**下二段**で活用するものがあるのだ。

二つの給ふ

	未然	連用	終止	連体	已然	命令
四段活用＝尊敬	給は	給ひ	給ふ	給ふ	給へ	給へ
下二段活用＝謙譲	給へ	給へ	○	給ふる	給ふれ	○

※終止形と命令形はない

●下二段の謙譲の**給ふ**は会話文、手紙文中にしか出てこず、また上に付く動詞が限られていて「知る・思ふ・見る・聞く」しかない。また謙譲語とはいうものの補助動詞しかなく、訳も「**〜ます**」と訳す。

例文①
これを**なむ**（係助）、身にとりて、おもて歌と思ひ**給ふる**（ハ・下二・体・謙）。

訳 この歌を、私にとっては代表歌と思って**おります**。

例文②
主人の女ども多かり、と聞き**給へ**（ハ・下二・用・謙）**て**（接助）、

訳 ご主人の娘たちが多い、と聞き**まして**、

53b 二つの給への識別は入試では超・頻出！

●二種類の「給ふ」の識別をマスターするために、まずはゴロを確認しよう。

ゴ 「は・ひ・ふ」は尊敬、「ふる・ふれ」謙譲、「給へ」で悩め！

「給は・給ひ・給ふ」の形は四段活用にしかないので、すべて尊敬語。
「給ふる・給ふれ」の形は下二段活用にしかないので、すべて謙譲語。

二つの給へ

給へ
- 未・用 ＝ 下二段活用 ＝ 謙譲語
- 已・命 ＝ 四段活用 ＝ 尊敬語

※下二段＝謙譲は前ページ参照。
※文中では圧倒的に四段＝尊敬の用例が多い。

例文①
物のつき給へ《ハ・四・已・尊》る《完了「り」体》か。
訳 物の怪でもとりつきなさったか。

例文②
物をもをしみ給へ《ハ・四・命・尊》。
訳 なにかと物を惜しみなさってください。

例文③
今はこの世のことを思ひたまへ《ハ・下二・未・謙》ね《打消「ず」已》ば《接助》、
訳 もう現世のことを考えていませんので、
※ねが打消ずの已然形なので、上のたまへは未然形、つまり謙譲語のたまへだとわかる。

◆ 品詞分解チェック

俊恵曰く、「五条三位入道のみもとに**まうで**①たりしついでに、『御詠の中には、何れかすぐれたりと**おぼす**②。よそ人はやうやうに定め**侍れ**③ど、それをば用ひ**侍る**④べからず。まさしく**承り**⑤**候は**⑥む。』と**聞こえ**⑦しかば、

『夕されば野べの秋風身にしみて鶉鳴く**なり**⑧深草の里

これを**なむ**⑨、身にとりて、おもて歌と思ひ**給ふる**⑩。』といは**れ**⑪しを、俊恵また曰く、『世にあまねく人の**申し**⑫**侍る**⑬は、

面影に花の姿を先立てて幾重越え来ぬ峯の白雲

これをすぐれたるやうに**申し**⑭**侍る**⑮はいかに』と**聞こゆれ**⑯ば、（中略）その次に、「わが歌の中には、

み吉野の山かき曇り雪降れば麓の里はうちしぐれつつ

これを**なむ**⑰、かのたぐひにせむと思ひ**給ふる**⑱。もし世の末におぼつかなくいふ人もあらば、『かくこそいひ**しか**⑲。』と語り**給へ**⑳。」とぞ。

①謙譲
②尊敬
③補動・丁寧
④補動・丁寧
⑤謙譲
⑥補動・丁寧
⑦謙譲
⑧推定「なり」㊚
⑨係助（強意）
⑩補動・謙譲（結び）
⑪尊敬「る」㊐
⑫謙譲
⑬補動・丁寧
⑭謙譲
⑮補動・丁寧
⑯謙譲
⑰係助（強意）
⑱補動・謙譲（結び）
⑲過去「き」㊐（結び）
⑳補動・尊敬

第三部
6 大鏡《おおかがみ》

作者未詳

歴史物語
平安時代後期

粟田《あはた》殿の御男君達《きんだち》ぞ三人**おはせ**しが、太郎君は福足《ふくたり》君と申ししを、おさなき人はさのみこそとはおもへど、いと**あさましうまさなう**あしくぞおはせし。東三条殿の御賀に、この君舞ひをせさせ**たてまつらん**とて、ならは**せたまふ**ほども、**あやにくがり**、**すまひ**たまへど、よろづにをこづり、いのり**さへ**して、をしへ**きこえ**さするに、その日になりて、いみじうしたて**たてまつりたまへるに**、舞台の上にのぼりたまひて、もののね調子ふきいづるほどに、わざはひかな、「**あれ**は舞はじ」とて、びんづらひきみだり、御装束はらはらとひきやりたまふに、粟田

粟田殿〔＝藤原道兼〕の御子息たちは三人**いらっしゃっ**たが、御長男は福足君と申しあげたけれども、幼い人はみなそのようなものと思うが、この方はほんとに**驚き呆れる**ほど**たちが悪く**、やんちゃでいらっしゃった。御祖父の東三条殿〔＝兼家〕の還暦のお祝いに、この福足君に舞を舞わせ**申し上げよう**として、習わ**せなさる**間も、**意地を張り**、**嫌がり**なさったが、いろいろだましすかし、祈祷**まで**して、お教え**申し上げ**させたのに、その当日になって、粟田殿が福足君にたいそう立派に舞の装束つけて**さしあげなさったのに**、福足君は舞台の上に登りなさって、楽器の音の調子を合わせ始めると、困ったことになったものだ、福足君が「**わたし**は舞うのは嫌だ」と言って結い上げたびんずらをひき乱し、御装束をばらばらに引き裂きなさるので、父の粟田殿は顔色が真っ青になりなさって、**気が抜けてぼんやりした**御**様子**である。その座にいた**すべての**人は、「こん

殿御色真青にならせたまひて、あれかにもあらぬ御けしきなり。ありとある人、「さおもひつることよ」と見たまへど、すべきやうもなきに、御をぢの中関白殿のおりて、舞台にのぼらせたまへば、「いひをこづらせたまふべきか。また、にくさにたへず、追ひおろさせたまふべきか」とかたがた見はべりしに、この君を御腰のほどにひきつけさせたまひて、御手づからいみじう舞はせたまひたりしこそ、楽《がく》もまさりておもしろく、かの君の御恥もかくれ、その日の興もことのほかにまさりたりけれ。祖父殿もうれしくおぼしたりけり。父おとどはさらなりよその人だにこそすずろに感じたてまつりけれ。かやうに人のためになさけなさけしきところおはしましけるに、など御末《すゑ》枯れさせ給ひにけん。

なことだと思っていた」と御覧になっているが、どうしようもなかった、その時に、伯父君の中関白殿〔＝道隆〕がお席を降りて、舞台にお上りになるので、「なだめすかしなさるのか。それとも、憎さに耐えられず、舞台から追い下ろしなさるだろうか」と、どちらかと見ておりましたところ、中関白殿はこの福足君を御腰のあたりに引きつけなさって、御自身の手で、とても見事にお舞いになったことで、楽の音もひときわ勝って趣深く、あの福足君の御恥も目立たなくなり、その日の遊宴の興趣も格段に盛り上がったことだった。祖父の兼家殿もうれしくお思いになったことだ。父の道兼大臣は言うまでもなく、他人でさえ道隆殿の臨機の御処置にひたすら感嘆申し上げたことだった。道隆殿はこのように人のために情け深い思いやりがおありだったのに、どうして御子孫が衰微しておしまいになったのであろう。

◆重要単語チェック

おはす

●大橋（おーはす）巨泉でいらっしゃる、サー変

①いらっしゃる。（「あり」の尊敬語）
②（尊敬の補助動詞）〜ていらっしゃる。

あさまし

●朝目覚ましに驚き呆れる

①驚き呆れる。②興ざめだ。
③話にならない。④ひどい。

まさなし

●まさに梨、よくない

①よくない。不都合だ。たちが悪い。
②思いがけない。予想外だ。

あやにく（なり）

●あや憎たらしい、意地悪だ

①意地悪だ。②都合が悪い。
③意地を張る。

すまふ

●すもう取り、争いを辞退する

①争う。張り合う。嫌がる。
②辞退する。

※ ＝文中での意味

あれかにもあらず

●あれ、蟹もアーラずーっとぼうっとしている

①ぼうっとしている。

ありとある

●アリと歩いてすべってんの

①すべての。

てづから

●手塚治虫ラララ、自分の手でラララ

①自分の手で。
②自分で。

さら（なり）

●サラリーマンになりたいのは言うまでもない

①言うまでもない。もちろんだ。

すずろ（なり）

●鈴六個やったらなんとなく思いがけない

①なんとなく心が動くさま。②思いがけないさま。③やたらに。ひたすら。

26 ゴロゴプレミアム講義

『大鏡』は第二部の８講に出てきたように平安時代後期に成立した「歴史物語」。文体が非常に練れており、古文的な難易度も高いので上位大学が好んで出題する。

今回の古文文法・虎の巻では尊敬語の「おはす」を取り上げた。「おはす」は「いらっしゃる」と訳しておけばＯＫ！　という点で非常にラクな単語だ。あえて言えば、「あり・をり・行く・来」のどの尊敬語にあたるのかの判断をしっかりやることが大切。また、補助動詞としても用いられるが、これも「〜ていらっしゃる」と訳すので、特に問題はない。敬意の度合いとしては「おはします」のほうが高い。

今回の文章中に出てくる藤原氏は何人かいるが、藤原兼家はあの藤原道綱母の夫であり、『大鏡』の中では「大入道殿」と呼ばれる大物。摂政・関白として権力をふるった。「粟田殿」と呼ばれる道兼は兼家の息子だが、気弱で能力的にもイマイチ。さらには関白になってわずか十日で頓死してしまった。

それに対して**「中の関白殿」と呼ばれた道隆**は、文中にもあるように臨機応変の才があり、なかなかの人物だった。娘の中宮定子を一条帝に入内《じゅだい》させ、関白として権勢を誇ったところまではよかったのだが、結局は息子たちがだらしないせいで、道隆の死後は弟の道長に権力が移り、子孫が没落していくこととなる。

一方の**道長は「入道殿」と呼ばれ**、ある意味徳川家康のように最後のおいしいところを取って、藤原氏全盛時代を築き上げる。兄の道隆の死後、その息子たちを左遷し、自分の娘中宮彰子と一条帝との間の息子を次々と帝にし、その摂政・関白・太政大臣として位を極めていった。

第三部 6

54 大橋（おーはす）巨泉でいらっしゃる、サー変

●ゴロにもあるように**おはす**という**尊敬語**は「いらっしゃる」と訳すサ変動詞だ。動詞の場合、「**あり**・**をり**・**行く**・**来**」の尊敬語なので、文脈によってどの語の尊敬語として使われているかを判断することは大切だ。

●補助動詞の場合は「**～ていらっしゃる**・**～ておいでになる**」と訳せばＯＫ。

例文①

粟田殿の御男君達ぞ三人おはせ（サ変・未・尊）し（過去「き」体）が、

訳 粟田殿の御子息たちは三人いらっしゃったが、

※おはすと過去の助動詞きとの組み合わせは特殊。おはせし、おはしき、おはせしかの三つのみしかない。

●「**おはす**＋**まし**」＝「**おはします**」となり、通常の敬語よりも一段と高い敬意を表す。

例文②

人のためになさけなさけしきところおはしまし（サ・四・用・尊）ける（過去「けり」体）に、

訳 人のために情け深い思いやりがおありだったのに、

◆品詞分解チェック

粟田殿の御男君達ぞ三人①おはせしが、太郎君は福足君と②申しを、おさなき人はさのみこそとはおもへど、いとあさましう　まさなうあしくぞおはせし。東三条殿の御賀に、この君舞ひをせ③させ④たてまつらんとて、ならは⑤せ⑥たまふほども、あやにくがり、すまひ⑦たまへど、よろづにをこづり、いのりさへして、をしへ⑧きこえさするに、その日になりて、いみじうしたて⑨たてまつり⑩たまへるに、舞台の上にのぼりたまひて、もののね調子ふきいづるほどに、わざはひかな、「あれは舞はじ」とて、びんづらひきみだり、御装束はらはらとひきやり⑪たまふに、粟田殿御色真青になら⑫せ⑬たまひて、あれかにもあらぬ御けしきなり。ありとある人、「さおもひつることよ」と見⑭たまへど、すべきやうもなきに、御をぢの中関白殿のおりて、舞台にのぼら⑮せ⑯たまへば、「いひをこづら⑰せ⑱たまふべきか。また、にくさにたへず、追ひおろさ⑲せ⑳たまふべきか」とかたがた見はべりしに、（後略）

①尊敬
②謙譲
③使役「さす」用
④補動・謙譲
⑤使役「す」用
⑥補動・尊敬
⑦補動・尊敬
⑧補動・謙譲
⑨補動・謙譲
⑩補動・尊敬
⑪補動・尊敬
⑫尊敬「す」用
⑬補動・尊敬
⑭補動・尊敬
⑮尊敬「す」用
⑯補動・尊敬
⑰尊敬「す」用
⑱補動・尊敬
⑲尊敬「す」用
⑳補動・尊敬

第三部

7

源氏物語《げんじものがたり》

作者 紫式部《むらさきしきぶ》

物語 平安時代中期

そのころ、高麗人《こまうど》の参れるなかに、**かしこき**相人《さうにん》ありけるを**きこしめして**、宮の内に召さ**む**ことは、宇多の帝の御誡《おほむいまし》めあれば、いみじう**忍びて、**この御子を鴻臚館《こうろくわん》に**つかはし**たり。御後見《おほむうしろみ》だちてつかうまつる右大弁の子のやうに思はせて、**率《ゐ》てたてまつるに**、相人おどろきて、**あまたたび**傾きあやしぶ。「国の親となりて、帝王の上なき位にのぼるべき相おはします人の、そなたにて見れば、乱れ**うれふる**ことやあらむ。**おほやけ**のかためとなりて、天下を輔《たす》くるかたにて見れば、またその相たがふべし」と言ふ。弁もいと**才《ざえ》**かしこき博士にて、言ひかはしたることどもなむ、いと興ありける。**文《ふみ》**など作りかはして、今日明日帰り去り**なむ**とする**に**、かく**ありがたき**人に対面《たいめ》したるよろ

そのころ、高麗人が参上していた中に**非常にすぐれた**人相見がいたのを帝が**お聞きになって**、宮中に外国の人をお呼びになる**ような**ことは、宇多帝の御戒めがあるので、たいそう**人目を避けて、**この皇子〔＝源氏〕を鴻臚館に**おつかわしになった**。皇子の御後見役のような形でお仕えしている右大弁の子のように見せかけて、右大弁が**お連れ申し上げると、**人相見は驚いて、**何度も**首をかしげて不思議がる。「この方は国の親となって、帝という無上の位にのぼるはずの相でいらっしゃる方であるが、そういう相として見ると、将来天下が乱れ**憂慮すべき事態の生じる**ことがあるかもしれません。**朝廷**の柱石となって、天下の政務を輔佐する相としてみると、これまたその相とも違うようです」と言う。右大弁もたいへん**学才**に秀でた博士であって、お互いに話し合ったことがらは、たいへん興味深いものであった。**漢詩**などを互いに作り合って、人相見は今日明日に

こび、かへりては悲しかるべき**心ばへ**を、おもしろく作りたる**に**、御子もいとあはれなる句を作りたまへる**を**、限りなう**めで**たてまつりて、いみじき贈り物どもを捧げたてまつる。**おほやけ**よりも多くの物賜《たま》はす。**おのづから**ことひろごりて、漏らさせたまはねど、春宮の祖父大臣など、いかなること**にか**と**おぼし**疑ひてなむありける。帝、**かしこき**御心に、倭相をおほせて、おぼしよりにける筋なれば、今までこの君を、親王にもなさせたまはざりけるを、相人はまことに**かしこかり**けり、とおぼして、無品の親王の外戚の寄せなきにてはただよはさ**じ**、わが御世《おほむよ》もいと定めなきを、**ただ人**にておほやけの御後見《おほむうしろみ》をするなむ、**行く先**も頼もしげなめることとおぼし定めて、いよいよ道々の才《ざえ》をならは**させたまふ**。

も帰国し**よう**とい**うときに**、このように**珍しい**人にお会いした喜びや、お別れしてはかえって悲しいにちがいないという**心持ち**を、巧みに詩に作った**ところ**、皇子も実にしみじみとした趣の詩句をお作りになった**ので**、人相見は口をきわめて**おほめ**申しあげて、すばらしい贈り物を数多く献上する。**朝廷**からも多くの品物を御下賜になる。**自然と**うわさがひろまって、帝はだれにも漏らしなさらないけれど、東宮の祖父にあたる右大臣などは、これはいったいどういうおつもりのこと**なのだろうか**と**お思い**疑っていらっしゃるのであった。帝は**恐れ多くも**御自身で日本流の観相をこころみなさって既に思い当たっていらっしゃった筋合いのことなので、今までこの皇子を親王にもなさらなかったのだが、人相見はほんとうに**すぐれた者である**ことよ、とお思いになって、無品親王で外戚の後押しのないものとして不安定な状態に世を送らせ**まい**、自分の治世もいつまで続くか全くわからないことなので、**臣下**として朝廷の御補佐をするのが、**将来**も頼もしいようなことだと心にお決めになって、ますます諸方面の学問を習得**させなさる**。

◆重要単語チェック

※ ［色枠］＝文中での意味

かしこし

●カーしこしかこ、非常に恐れ多い

①恐れ多い。②賢い。優れた。③非常に。④都合がよい。

ゐる

●イルカ君が座っているワ、連れて行こう

①座っている。②連れて行く。

あまた

●あまった？ たくさん

①たくさん。数多く。何度も。②非常に。はなはだ。

おほやけ

●オホホ、焼けちゃった朝廷

①皇居。宮中。朝廷。②天皇。

ざえ

●ザザエさん、カンカンガクガク

①学問、特に漢学。学才。②芸能。技能。

ふみ

●文男、手紙と本を読んでカンカンガクガク

①書物。②手紙。③漢学。漢詩。

ありがたし

●アリが足し算してる、珍しい。生きづらい世の中だ

①珍しい。②生きていくのが困難だ。③すぐれている。④難しい。

こころばへ

●所のロバ変、気立てがよくて心遣いに趣がある

①気立て。心遣い。心持ち。②意味。意向。③趣。風情。

おのづから

●小野塚らはひょっとして偶然、自然植物園へ行った

①ひょっとして。②偶然。たまたま。③自然と。ひとりでに。

おぼす

●大ボスがお思いになる

①お思いになる。

27 ゴロゴプレミアム講義

何度読んでも『源氏物語』は名文だ。紫式部の天才ぶりにただただ驚かされるばかりだが、さらにびっくりするのは、敬語の使い方がほとんど完璧だという点。その意味でも「敬語」の勉強という点で、『源氏物語』はとても勉強になる。

ここでは「きこしめす」「奉る」「せたまふ・させたまふ」と三つの重要な敬語表現を勉強しよう。

この中ではまず**「せたまふ・させたまふ」が重要**で、今までの文中でもさんざん出てきている。「せたまふ・させたまふ」の形は、**「尊敬＋尊敬」**となる最高敬語（二重敬語）の場合が多く、「お～になる。～なさる」と訳す。しかし入試でこの形が問われたときは、**「使役＋尊敬」**の可能性もあるので、文脈的に「～に～をさせなさる」となっている場合は「使役＋尊敬」だ。

次に重要なのは**「奉る」**だが、これは謙譲語の用例が圧倒的で、逆に言えば尊敬語で「奉る」が使われている場合は、入試でそこが必ず問われると言ってもいい。**尊敬語の場合は「乗る・着る・飲む」の尊敬語**となるが、これは文脈上あまり間違えようがないので、とにかく「奉る」には尊敬語がある、ということを覚えていることが大切だ。

「きこしめす」は最高敬語だが、その前に「きこす」が尊敬語であることをまずは知っておこう。その「きこす」に尊敬の補助動詞「めす」が付いたものが「きこしめす」だが、この語が文中に出てきた場合は、最高敬語だけに主語が帝レベルとなる。「聞く」の尊敬語で「お聞きになる」というのはなんとなくわかるとして、問題は「召し上がる」「お治めになる」の場合で、これはかなりハイレベルだ。がんばって勉強しよう。

55 きこしめすは最高敬語！

● きこしめすは尊敬の四段動詞きこすに補助動詞めすが付いたもので、最高敬語に類する高い敬意を表す。主語は天皇・皇后レベルの人である場合が多い。

きこしめすは特に「召し上がる」に注意!!

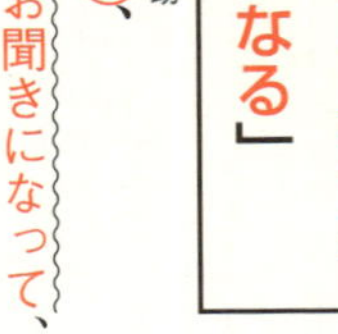

きこしめす

① 「聞く」の尊敬語「お聞きになる」
② 「食ふ・飲む」の尊敬語「召し上がる」
③ 「治む」の尊敬語「お治めになる」

例文①
かしこき相人ありけるをきこしめし（サ・四・用・尊）て（接助）、
訳 非常にすぐれた人相見がいたのを帝がお聞きになって、

例文②
いといたくあはれがらせ（尊「す」用）たまひ（ハ・四・用・尊）て、ものもきこしめさ（サ・四・未・尊）ず（打消）。
訳 帝はたいそうしみじみと感動なさって、お食事も召し上がらない。

例文③
わご大君のきこしめす（サ・四・体・尊）天の下に、
訳 わが大君がお治めになる天下に、

56 奉るは85％謙譲語、15％尊敬語！

●奉る（たてまつる）は文中に出てくると、ほとんどが**謙譲語**、さらに言えば補助動詞の用例が多く、「〜し申し上げる」と訳す。しかしP172で勉強した参ると同様、**尊敬語**の意味があり、入試では上位大学で頻出するので気をつけよう！

奉る	
① 謙譲語	② 尊敬語
ⓐ 与ふの謙譲語「差し上げる」 ⓑ 遣るの謙譲語「参上させる」 ⓒ 補助動詞「〜し申し上げる」	ⓐ 乗るの尊敬語「お乗りになる」 ⓑ 着るの尊敬語「お召しになる」 ⓒ 飲むの尊敬語「召し上がる」

過去問正解分析

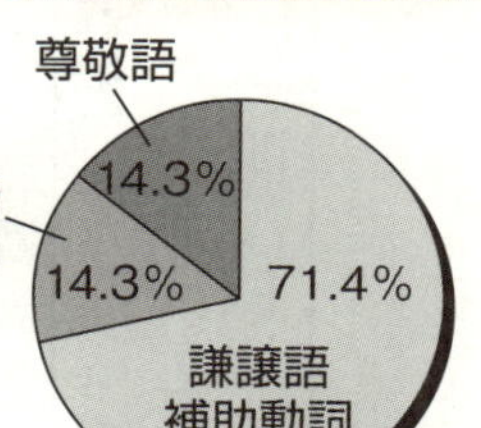

例文①
限りなうめでたてまつり（補動・用・謙）て、
訳 口をきわめておほめ申し上げて、

例文②
壺なる（断定「なり」体）薬奉れ（命・尊）。
訳 壺の中にある薬をお召し上がりください。
※断定なりの存在用法で「〜にある」と訳す。

例文③
いと暑しや。これより薄き御衣たてまつれ（命・尊）。
訳 たいそう暑い。これからは薄い着物をお召しください。

57 せたまふ・させたまふは「尊敬＋尊敬」？「使役＋尊敬」？

せたまふ・させたまふ	
尊敬＋尊敬	①せたまふ、させたまふは「尊敬＋尊敬」の場合が多く、「お～になる・～なさる」と訳す。これを**最高敬語**、または**二重尊敬**と呼び、地の文（会話ではないところ）で出てくると主語は帝レベルの人になる。
使役＋尊敬	②ところがせとさせが使役で使われ、**「使役＋尊敬」**となる場合があり、その場合は「（～に）～させなさる」と訳す。ポイントは**「～に」**という使役の対象があることなので、よく確かめて判断しよう。

例文①

おのづからことひろごりて、漏らさせたまはねど、

（させ：尊　たまは：ハ・四・未・尊　ね：打消「ず」已）

訳 自然と噂がひろまって、帝はだれにも漏らしなさらないけれど、

※ここでは主語が「帝」。地の文では最高敬語は帝レベルの人にしか使われない。

例文②

いよいよ道々の才をならはさせたまふ。

（させ：使役　たまふ：ハ・四・終・尊）

訳 帝は皇子にますます諸方面の学問を習得させなさる。

※この文脈では「帝は皇子に」という使役の対象があることを読み取って、させは使役と判断する。

◆品詞分解チェック

文など作りかはして、今日明日帰り去りなむとするに①、かくありがたき人に対面したるよろこび、かへりては悲しかるべき心ばへを、おもしろく作りたるに②、御子もいとあはれなる句を作りたまへる③を④、限りなうめでたてまつ⑤りて、いみじき贈り物どもを捧げたてまつる⑥。おほやけよりも多くの物賜は⑦す。おのづからことひろごりて、漏らさせ⑧たまは⑨ねど、春宮の祖父大臣など、いかなることに⑩かとおぼし⑪疑ひてなむありける。帝、かしこき御心に、倭相をおほせて、おぼしより⑫に⑬ける筋なれば、今までこの君を、親王にもなさせ⑭たまは⑮ざりけるを、相人はまことにかしこかりけり、とおぼし⑯て、無品の親王の外戚の寄せなきにてはただよはさじ、わが御世もいと定めなきを⑰、ただ人にておほやけの御後見をするなむ、行く先も頼もしげなめることとおぼし⑱定めて、いよいよ道々の才をならはさせ⑲たまふ⑳。

（前略）

①格助（時間）
②接助（単純接続）
③補動・尊敬
④接助（順接）
⑤補動・謙譲
⑥補動・謙譲
⑦尊敬
⑧尊敬「さす」用
⑨補動・尊敬
⑩断定「なり」用
⑪尊敬
⑫尊敬
⑬完了「ぬ」用
⑭尊敬「す」用
⑮補動・尊敬
⑯尊敬
⑰接助（順接）
⑱尊敬
⑲使役「さす」用
⑳補動・尊敬

第三部

8

紫式部日記《むらさきしきぶにっき》

作者 **紫式部《むらさきしきぶ》**

日記 **平安時代中期**

つごもりの夜、追儺《ついな》はいと**疾《と》く**はてぬれば、はぐろめつけなど、**はかなき**つくろひどもすとて、**うちとけゐたるに**、弁の内侍《ないし》来て、**物語し**て臥し給へり。内匠《たくみ》の蔵人《くらうど》は長押《なげし》のしもにゐて、あてきが縫ふものの、かさね、ひねり教へなどつくづくとしゐたるに、御前《おまへ》のかたにいみじく**ののしる**。内侍起こせど、**とみに**起きず。人の泣きさわぐ音の聞こゆるに、いと**ゆゆしく**、**ものもおぼえず**。火かと思へど、**さにはあらず**。「内匠の君いざいざ」と先におしたてて、「ともかうも、宮、しもにおはします、まづ参りて見奉ら**む**」と、内侍をあららかにつき**驚かし**て、三人震るふ震るふ、足も空にて**参り**たれば、はだかなる人ぞふたりゐたる。靫負《ゆげひ》・小兵部なりけり。**かくなりけり**と見るに、

大晦日の夜、悪鬼を払う追儺の行事はとても**早く**終わったので、お歯黒をつけたり、**ちょっとした**お化粧などをしようと思って、**くつろいでいたところ**、弁の内侍が来て、**いろいろ話などし**てお休みになった。内匠の蔵人が長押の下手にいて、あてき（＝女の童の名）が縫う着物の、重ね方や、折り込み方の教授など一心にやっていると、中宮彰子様のおいでになる方角でひどく**大声をたてている**。弁の内侍を起こしたけれど、**急には**起きない。人の泣き騒ぐ声が聞こえるので、とても**不吉で**、**どうしたらよいかわからない**。火事かと思ったけれど、**そうではない**。「内匠の君、さあさあ」と先におし立てて、「とにかく、中宮様は、天皇様の所ではなくて御自分のお部屋にいらっしゃいます、まず、参上して大丈夫かどうか御様子をうかがいましょ**う**」と、弁の内侍を手荒に突っついて**目を覚まさせ**て、三人でぶるぶる震えながら、足も地につかぬような心地で**参上し**たところ、裸の人が二人いた。靫負と小兵部であった。**追い剥ぎであったのだなあ**と思うと、ますます**不気味であ**

いよいよ**むくつけし**。御厨子所《みづしどころ》の人も、みな出で、宮のさぶらひも、瀧口《たきぐち》も、儺《な》やらひはてけるままに、みな**まかで**てけり。手をたたきののしれど、**いらへ**する人もなし。御膳宿《おものやどり》の刀自《とじ》を呼びいでたるに、「殿上に兵部の丞といふ蔵人《くらうど》呼べ呼べ」と、恥もわすれて**口づから**いひたれば、たづねけれど、**まかで**にけり。**つらき**ことかぎりなし。式部の丞資業《すけなり》ぞ参りて、ところどころのさし油ども、ただひとりさし入れて**ありく**。

人々、ものおぼえずむかひゐたるもあり。**うへ**より御使などあり。いみじうおそろしうこそ**侍りしか**。納殿《をさめどの》にある御衣《おんぞ》とり出でさせて、この人々に**たまふ**。朔日《ついたち》の装束はとらざりければ、**さりげもなく**てあれど、はだか姿はわすられず。おそろしき**ものから**、をかしうともいはず。

る。御厨子所の人も、みな退出して、中宮様付きの侍も、瀧口の侍も、追儺が終わるとそのまま、みな**退出し**ていたのだった。手を叩いて大声で叫んでも、**返事**をする人もいない。しかたがないので御膳宿の刀自を呼び出して、「殿上の間に兵部の丞という蔵人がいるはずだから、それを呼びなさい」と、恥も忘れて人も介さず**自分で直接に**言ったところ、御膳宿の刀自は兵部の丞をさがしたけれど、兵部の丞も**退出し**ていた。**薄情な**ことといったらこの上もない。やっと式部の丞資業が参上して、彼一人であちこちの燭台の火を差し入れて**歩き回る**。

女房方の中には、呆然として顔を見合わせている人もいる。**天皇様**からお見舞いの使者などがある。たいそう恐ろしいこと**でございました**。中宮様は納殿にある御衣装を取り出させて、この追い剥ぎに遭った人々に**お与えになる**。元日の装束は盗っていかなかったので、二人とも**何ともないようにし**ているけれど、裸の姿は忘れられない。恐ろしいとは思う**ものの**、今思い出すと滑稽とも思うが、二人に悪いので滑稽とは言わない。

◆重要単語チェック

※ [pink box] ＝文中での意味

はかなし
●ハーかなしいわ、ちょっと 頼りなくてむなしいわ
①頼りない。②むなしい。③ちょっとしたことである。④取るに足りない。

うちとく
●うち、とっくに気を許す
①気を許す。打ち解ける。②くつろぐ。安心する。③油断する。

ものがたりす
●物語すっかり話す
①話す。世間話をする。

とみ（なり）
●トミー君、急だ
①急だ。②急なこと。急ぎ。

ゆゆし
●UUCコーヒーとははなはだ 不吉だ、素晴らしい
①恐れ多い。不吉だ。②はなはだしい。③素晴らしい。④ひどい。

おどろく
●おっと六時だ、はっと気づいて目が覚める
①はっとして気づく。②目が覚める。③びっくりする。

むくつけし
●ムッ、靴消した不気味な魔法
①不気味だ。気味が悪い。②無骨だ。無風流だ。

まかづ
●まーかづのこが退出する
①退出する。

ありく
●アリクイが歩き回り 続ける
①歩き回る。②あれこれ～し続ける。③あちこちで～する。

たまふ
●「は・ひ・ふ」は尊敬、「ふる・ふれ」謙譲、「給へ」で悩め
①［尊敬］お与えになる。②［尊敬の補動］～なさる。お～になる。

28 ゴロゴプレミアム講義

『紫式部日記』は紫式部によって書かれた平安時代中期の日記。藤原道長や中宮彰子の様子はもちろん、紫式部のまわりの女房たちの様子も描かれており、現代語訳であれば一時間程度で読めるものなので、是非一読をお勧めする。

今回の敬語のテーマは「まかづ」だ。

今まで「まゐる」「まうづ・まうでく」「まかる」と勉強してきて、それらの対応関係もみてきた。今回の「まかづ」が加わってこれで「参上する↕退出する」の関係の語はほぼ全部になる。

それらの語は上代と中古で違う対応関係になるが、あまり神経質にならないほうがいい。それよりも一語ずつをしっかりとゴロで覚え、「参上する」のか「退出する」のかの方向性を常に確認することが大切だ。

また、「まゐる」は謙譲語だけではなく尊敬語の用法もある。こうした**二つ以上の敬語にまたがる語については特に注意して勉強してほしい**ので、古文文法・虎の巻の復習をする時に、特に注意して見直してほしい。

さて「まかづ」に話を戻すと、「まかづ」は基本的に「退出する」と訳す謙譲語。しかし、まれに丁寧語として「行きます・出掛けます」となることがあって要注意だ。なにせ「退出する」のと「行きます」のとでは方向が逆になるので、間違えると大変なことになる。

また今回は取り上げなかったが、接続助詞の「ものから」は逆接で、「～けれども・～のに・～ものの」と訳す。中世に入ると「から」という語感から誤って順接の用例も出てくるが、あくまで「ものから」は中古では逆接であるということを覚えておこう。

第三部 8

58 まかづは謙譲語。ただし、まれに丁寧語もある！

●**まかづ**は基本的に「身分の高い人のところから下がるとき」に使われる**謙譲語**で、「退出する」とも訳す。しかし「出掛ける」場合に用いられて「行きます。出掛けます」と訳す**丁寧語**のときもあるので要注意だ。

	上代	中古
「参上する」	まゐる	まゐる
「退出する」	まかる	まかづ

※P190で勉強したように「参上する」と「退出する」の対応関係は上代と中古とでは変化している。

例文①

宮のさぶらひも瀧口も儺《な》やらひはてるままに、みなまかで（謙）に（完了「ぬ」用）けり（過去「けり」終）。

訳 中宮様付きの侍も、瀧口の侍も、追儺が終わるとそのまま、みな退出していたのだった。

例文②

このごろわづらふこと侍るにより、かく京にもまかで（丁）ね（打消「ず」已）ば、

訳 このごろ病気をすることがございまして、このように京にも出掛けませんので、

※ここでのまかづは「退出する」ではおかしい。丁寧語と判断して「出掛けます」と訳そう。

◆品詞分解チェック

つごもりの夜、追儺はいと疾くはてぬれば、はぐろめつけなど、はかなきつくろひどもすとて、うちとけゐたるに①、弁の内侍来て、物語し②て臥し給へ③り。(中略)かくなり④けり⑤と見るに⑥、いよいよむくつけし。御厨子所の人も、みな出で、宮のさぶらひも、瀧口も、儺やらひはてけるままに⑦、みなまかで⑧て⑨けり。手をたたきののしれど、いらへする人もなし。御膳宿の刀自を呼びいでたるに⑩、「殿上に兵部の丞といふ蔵人呼べ呼べ」と、恥もわすれて口づからいひたれば、たづねけれど、まかで⑪に⑫けり。つらきことかぎりなし。式部の丞資業ぞ参り⑬て、ところどころのさし油ども、ただひとりさし入れてありく。人々、ものおぼえずむかひゐ⑭たるもあり。うへより御使などあり。いみじうおそろしうこそ⑮侍り⑯しか⑰。納殿にある御衣とり出でさせ⑱て、この人々にたまふ⑲。朔日の装束はとらざりければ、さりげもなくてあれど、はだか姿はわすられず。おそろしきものから⑳、をかしうともいはず。

①接助(単純接続)
②サ変・㊊
③補動・尊敬
④断定「なり」㊊
⑤詠嘆「けり」㊎
⑥接助(単純接続)
⑦格助
⑧謙譲
⑨完了(強意)「つ」㊊
⑩接助(単純接続)
⑪謙譲
⑫完了「ぬ」㊊
⑬謙譲
⑭ワ・上一・㊊
⑮係助(強意)
⑯補動・丁寧
⑰過去「き」㊋(結び)
⑱使役「さす」㊊
⑲尊敬
⑳接助(逆接)

第三部 9

源《げん》氏《じ》物《もの》語《がたり》

作者 紫式部《むらさきしきぶ》

物語 平安時代中期

春宮《とうぐう》も一たびにと**思《おぼ》しめし**けれど、もの騒がしきにより、日をかへて**渡らせたまへり**。御年のほどよりは、**おとなびうつくしき**御さまにて、恋しと思ひ**きこえ**させたまひけるつもりに、**何心もなく**うれしと思して**見たてまつりたまふ**御気色いとあはれなり。中宮は涙に沈みたまへるを、**見たてまつらせたまふ**も、さまざま御心乱れて思しめさる。よろづのことを聞こえしらせたまへど、いとものはかなき御ほどなれば、**うしろめたく**悲しと**見たてまつらせたまふ**。大将にも、**おほやけ**に**仕うまつり**たまふべき御心づかひ、この宮の御**後見《うしろみ》**したまふべきことをかへ

春宮も帝と御一緒にと**お思いになっ**たが、何となく大げさな騒ぎになるので、別の日に春宮だけ桐壺院のお見舞いに**お出かけなさった**。御年齢のわりには、**分別ありげでかわいらしい**御様子で、父の桐壺院を恋しいと思い**申し上げ**なさったお気持ちが積もり重なったので、今の御対面を**無心に**うれしいとお思いになって桐壺院を**見申し上げなさる**御様子が実に身にしみるほどいじらしい。中宮〔＝藤壺〕は悲しみの涙に沈みなさっていたが、桐壺院はそれを**見申し上げなさる**につけても、様々にお心が乱れて悲しいとお思いになる。桐壺院は春宮にいろいろのことを教え知らせ申し上げなさるが、春宮は全く理解できない御年齢であるので、**気掛かりでもあり**悲しいことだと思って**見申しあげなさる**。源氏の大将に対しても、**朝廷**に**お仕え申し上げ**なさるためのお心構えや、この春宮のお**世話**をなさってくれるようにという御依頼を、何度も繰り返して**おっしゃる**。夜

すがへすのたまはす。夜更けてぞ帰らせたまふ。残る人なく仕うまつりてののしるさま、行幸《ぎゃうかう》に劣るけぢめなし。飽かぬほどにて帰らせたまふを、いみじう思しめす。

大后《おほきさき》も参りたまはむとするを、中宮のかく添ひおはするに御心おかれて、思しやすらふほどに、おどろおどろしきさまにもおはしまさで隠《かく》れさせたまひぬ。足を空に思ひまどふ人多かり。御位を去らせたまふといふばかりにこそあれ、世の政《まつりごと》をしづめさせたまへることも、わが御世の同じことにておはしましつるを、帝はいと若うおはします、祖父大臣《おほぢおとど》、いと急にさがなくおはして、その御ままになりなむ世を、いかならむと、上達部《かんだちめ》、殿上人《てんじゃうびと》みな思ひなげく。

が更けてから春宮はお戻りになる。殿上人たちがことごとく春宮のお供を申し上げて騒ぎ立てている様子は、帝のお出ましの際の様子に見劣りしないほどである。もの足りないほどの短い御対面で春宮がお帰りになるのを、桐壺院はたいそう悲しいことにお思いになる。

弘徽殿の大后も桐壺院のお見舞いに参上なさろうとするのだが、中宮がこのように桐壺院のおそばに付き添っていらっしゃるので遠慮なさって、ためらっていらっしゃるうちに、桐壺院はそれほどひどくお苦しみになる御様子もなくてお亡くなりになった。足も地につかないというふうに心を乱し悲しむ人が多い。桐壺院は帝位を退きなさるということだけはあったけれども、天下の政務をおとりになっていらしたことも、御在位中と同じ状態でいらっしゃったので、桐壺院の崩御後は帝がとても若くていらっしゃるし、外祖父の右大臣が、とても性急でたちが悪くていらして、その右大臣の思うがままの天下にきっとなるであろうことを、どうなることかと、上達部や殿上人がみな嘆かわしく思っている。

◆重要単語チェック

おとなぶ

●大人ぶって**一人前になる**

① 大人らしくなる。分別がある。 ② 一人前になる。大人になる。

きこゆ

●「聞こう、ゆっくり」「では**申し上げる**。**わかる**殿って**評判ですよ**」

① 申し上げる。 ② ～し申し上げる。 ③ 評判である。 ④ わけがわかる。

うしろめたし

●後ろの目、確かに**心配だ**

① 心配だ。気掛かりだ。 ② うしろ暗い。気がとがめる。

おほやけ

●オホホ、焼けちゃった**朝廷**

① 皇居。宮中。朝廷。 ② 天皇。

つかまつる

●捕まえた鶴に**お仕え** **してさしあげる**

① お仕え申し上げる。 ② ～してさしあげる。 ③ ～し申し上げる。

※ ＝文中での意味

うしろみ

●後ろで見ている**後見人**

① 補佐をすること。後見人。 ② 世話をすること。また、その人。

行幸《みゆき》《ぎやうかう》

●みゆきの**お出掛け**

① 天皇のお出掛け。

やすらふ

●やすしラフプレー、**ためらう**

① ためらう。 ② たたずむ。休む。 ③ 滞在する。

かくる

●蚊がクルッと**死ぬ**

① 死ぬ。亡くなる。 ② 隠れる。

さがなし

●佐賀の梨は**たちが悪い**、**いたずらだ**

① たちが悪い。意地悪だ。 ② いたずらだ。 ③ 口うるさい。

29 ゴロゴプレミアム講義

今回の『源氏物語』の内容は、光源氏の父桐壺院の崩御《ほうぎょ》のシーンで、そばに付き添っているのが藤壺の宮(中宮)だ。ここで登場する**皇太子(春宮)は、実は光源氏(大将)と藤壺の宮(光源氏の義母)との間の不義密通の子供**だが、桐壺院はそうとは知らないまま崩御《ほうぎょ》する。ある意味これは幸せなことだろう。息子だと思っていた子が、実は孫だったなんて知らされた日には、どれほどショックか……。

桐壺院の崩御後、光源氏は父の後ろ盾を失って右大臣側から政治的なプレッシャーを受け、ついには須磨・明石へと都落ちして行くことになる。因果応報とはこのことで、義母藤壺の宮との不義密通の罪は、さすがの光源氏でも逃れることはできなかった。

さて、今回の古文文法・虎の巻で取り上げた「つかうまつる」は、「お仕え申し上げる」という謙譲語以外にも、他の動詞の代わりに用いられる場合が大切。**「よき歌つかうまつれ」=「良い和歌を詠め」**などのように「和歌を詠む」の代わりに用いられる場合が多い。また「おぼしめす」を代表として、「敬意の高い尊敬語」を一覧表でまとめてみた。特に大切な語に関しては赤字にしておいたので、チェックシートで隠して口語訳が言えるようにしてほしい。

さらに、今まで学んできた尊敬語に関して、その度合いを比較してみた。助動詞「る・らる」での敬意が最も低く、通常レベルの敬語は補助動詞「たまふ」で表す。さらに敬意のレベルを上げる場合は、「せたまふ・させたまふ」と「尊敬+尊敬」にするのが普通だ。ただ、「言ふ(通常語)」→「のたまふ(尊敬語)」→「のたまはす(最高敬語)」のように通常語に対して対応する尊敬語や最高敬語をもつ語があり、これらは覚えるしか手がないところだ。頑張ろう!

59 つかうまつるは謙譲語！

●**つかうまつる**は「仕ふ」の**謙譲語**として用いられる以外にも、他の動詞のかわりに用いられる場合があり、文脈に応じた訳をする必要がある。また**謙譲の補助動詞**の場合もあり、「～し申し上げる」と訳す。

つかうまつる

① **仕ふ**の謙譲語「**お仕え申し上げる**」
② **す**・**行ふ**・**作る**などの謙譲語「**～いたす・お～する・お～申し上げる**」
③ 謙譲の補助動詞「**～し申し上げる**」

※つかうまつるは上代にはつかへまつる、中古末にはつかまつるという形で用いられた。

例文① おほやけに仕うまつりたまふべき御心づかひ、
（仕うまつり：謙／たまふ：ハ・四・終・尊）
訳 朝廷にお仕え申し上げなさるためのお心構え、

例文② なづさひつかうまつりけむ身もいたはしく、
（つかうまつり：補動・謙／けむ：過去の婉曲「けむ」体）
訳 慣れ親しみ申し上げたような自分の身も大切で、

例文③ この和歌はつかうまつりたりとなむ思ひ給ふる。
（つかうまつり：謙／給ふる：ハ・下二・体・謙）
訳 この和歌はうまくお作り申し上げたと思います。

60 おぼしめすはおぼすより一段高い敬意を表す尊敬語！

● 尊敬語に**めす**や**す**などが付いて、通常の敬意よりも一段高い敬意を表す尊敬語をここでまとめておこう！

敬意の高い尊敬語	通常の尊敬語	通常語	口語訳
たまはす	たまふ	与ふ・取らす	お与えになる・下さる
のたまはす	のたまふ	言ふ	おっしゃる
おはします	おはす	あり・ゐる・行く・来る	いらっしゃる
御覧ぜさす	御覧ず	見る	ご覧になる
聞こしめす	聞こす	聞く・食ふ・治む・取り行ふ	お聞きになる・召し上がる お治めになる・取り行いなさる
おぼしめす	おぼす	思ふ	お思いになる
思ほしめす	おぼす	思ふ	お思いになる
知らしめす	知らす	知る・治む	知っていらっしゃる・お治めになる

●尊敬の度合いを示すレベルとしては、まず助動詞の**る**・**らる**が最も低く、次に補助動詞**たまふ**があり、これが一般的に使用された。**のたまふ**のように単独の尊敬語と**言ひ給ふ**とが同じレベルであるのに対して、前ページの**のたまはす**はそれよりも一段高いレベルの敬意を表す。

通常語	尊敬の度合いは、下へ行くほど高い
言ふ	言はる ＜ 言ひ給ふ・のたまふ ＜ 言はせ給ふ・のたまはす

例文①

答えてのたまふ（ハ・四・体・尊）やう、

訳 中納言が答えておっしゃることには、

例文②

「なほ、しばし心見よ」とのたまはする（サ・下二・体・尊）に、

訳 桐壺帝が「このままで、もうしばらく様子を見よ」とおっしゃるうちに、

※**のたまふ**よりも**のたまはす**の方が敬意が高く、天皇・上皇・皇后レベルの人が主語の場合に用いる。

敬意の度合い

せ給ふ・させ給ふ ＞ 給ふ ＞ る・らる

◆品詞分解チェック

春宮も一たびにと①**思しめし**けれど、もの騒がしきにより、日をかへて渡らせたまへり。御年のほどよりは、おとなびうつくしき御さまにて、恋しと思ひ②**きこえ**③**させ**④**たまひ**けるつもりに、何心もなくうれしと⑤**思し**て見⑥**たてまつり**⑦**たまふ**御気色いとあはれなり。中宮は涙に沈みたまへるを、見⑧**たてまつら**⑨**せ**⑩**たまふ**も、さまざま御心乱れて⑪**思しめさ**⑫**る**。よろづのことを⑬**聞こえ**しらせたまへど、いとものはかなき御ほどなれば、うしろめたく悲しと見⑭**たてまつら**⑮**せ**⑯**たまふ**。大将にも、おほやけに⑰**仕うまつり**⑱**たまふ**べき御心づかひ、この宮の御後見したまふべきことをかへすがへす⑲**のたまはす**。夜更けてぞ帰らせたまふ。残る人なく仕うまつりてののしるさま、行幸に劣るけぢめなし。飽かぬほどにて帰らせたまふを、いみじう⑳**思しめす**。（後略）

①尊敬
②補動・謙譲
③尊敬「さす」㊊
④補動・尊敬
⑤尊敬
⑥補動・謙譲
⑦補動・尊敬
⑧補動・謙譲
⑨尊敬「す」㊊
⑩補動・尊敬
⑪尊敬
⑫自発「る」㊇
⑬謙譲
⑭補動・謙譲
⑮尊敬「す」㊊
⑯補動・尊敬
⑰謙譲
⑱補動・尊敬
⑲尊敬
⑳尊敬

第三部

10 枕草子《まくらのそうし》

作者 清少納言《せいしょうなごん》

随筆

平安時代中期

如月《きさらぎ》つごもりごろに、風いたう吹きて空いみじう黒き**に**、雪すこしうち散りたるほど、黒戸に主殿司《とのもりづかさ》来て、「**かうてさぶらふ**」といへば、寄りたる**に**、「これ、公任《きんたふ》の宰相《さいしやう》殿の」とてあるを、見れば、懐紙《ふところがみ》に、

すこし春ある心地こそすれ

とあるは、**げに**けふのけしきにいとようあひたるも、これが**本**《もと》はいかでかつく**べからむ**、と**思ひわづらひ**ぬ。「誰誰《たれたれ》か」と問へば、それそれ、といふ。みないと**はづかしき**なかに、宰相の御**いらへ**を、**いかでかことなしび**にいひ出で**む**、と、心ひとつに苦しきを、**御前**《おまへ》に御覧ぜさせむ

陰暦二月の月末ごろに、風がひどく吹いて空がたいそう暗い**時に**、雪が少しちらついているころ、清涼殿の黒戸に主殿寮の役人がやって来て、「**ごめんください**」と言うので、私が近づいていく**と**、「これは、公任の宰相殿からのお手紙でございます」と言って、差し出したのを見ると、懐紙に、

＝ちょっと春めいた気分がします

と書いてあるのは、**なるほど**今日の空模様にとてもよく合っているが、この和歌の下の句に対する**上の句**は、どのようにつけ**たらよかろうか**と、**思い悩んで**しまった。そこで主殿司に「殿上の間にはだれとだれがいらっしゃるの」と尋ねると、これこれの方々です、という。皆、気おくれするほど**立派な**方々の中で、特に、公任の宰相殿への御**返事**を、**どうしてなんでもない様子**で詠み出せ**ようか、詠み出すことはできない**と、自分の胸一つでは収拾がつかないので、**中宮様**に御覧にいれようとするが、**帝**がおいで

とすれど、うへのおはしまして、おほとのごもりたり。主殿司《とのもりづかさ》は、「とくとく」といふ。げに遅うさへあらむは、いととりどころなければ、さはれ、とて、

空寒み花にまがへて散る雪に

と、わななくわななく書きてとらせて、いかに思ふらむ、とわびし。これがことを聞かばや、と思ふに、そしられたらば聞かじ、とおぼゆるを、「俊賢《としかた》の宰相など、『なほ、内侍《ないし》に、奏《そう》してなさむ』となむさだめ給ひし」とばかりぞ、左兵衛の督《かみ》の、中将におはせし、語り給ひし。

になって、御一緒にお休みになっている。主殿寮の役人は、「お返事を早く、早く」と言う。本当に付け句が下手なうえに返事をするのまでが遅いとしたら、それでは、はなはだ取り柄がないので、どうにでもなれ、と思って、

＝空が寒いので、花の散るのに見間違えるように降る雪に

と、震え震え書いて渡したものの、この返事を先方では、どう思っているだろうかと思うと、つらいものがある。この返事の評判を聞きたい、と思うが、もし悪く言われているのならば聞くまい、と思っていると、「俊賢の宰相などがあなたの返事を見て感心し『やはり、帝に申し上げて内侍にしよう』と評定なさったよ」とだけ、左兵衛府の長官で、当時は近衛の中将でいらっしゃった方が、お話しになった。

◆重要単語チェック

※ ＝文中での意味

げに
●ゲッ忍者！　なるほど本当に
①なるほどその通り。②なるほど。本当に。まったく。

はづかし
●恥づかしいくらい立派ね
①（こちらが気恥ずかしくなるほど）立派だ。②気詰まりだ。気恥ずかしい。

ことなしび
●コートなし美人、素知らぬふり
①素知らぬ顔をする（こと）。②なんでもない様子。

うへ
●うへっ、天皇だ
①天皇。帝。②清涼殿。清涼殿の御殿の間。

おほとのごもる
●オホホ、殿、ゴモラとルンルンお休みになる
①お休みになる。

さはれ
●さはれ痴漢よ、もうどうにでもなれ
①どうにでもなれ。えい、ままよ。②しかし。それはそうだが。

ばや
●婆やは死体
①［自己の願望］〜したい。

そしる
●ソーシャルダンスを非難する
①非難する。悪口を言う。

なほ
●なほ子はやっぱりかわいい
①やはり。依然として。②それでもやはり。③さらに。もっと。

けいす・そうす
●けいすけ、そうすけに申し上げる
①申し上げる。

30 ゴロゴプレミアム講義

さていよいよこの『ゴロゴ古文読解』も最終講を迎えた。今までの内容で、入試に通用する基本的な文法と単語は十分網羅してきたつもりだが、なにせみんながそれらをマスターしてくれないことには、まるで意味がなくなってしまう。**最後まで読み終わった人は、もう一度最初に戻って、マスターするまで繰り返し読んでほしい。**

最終講では、その他の重要な敬語をまとめて覚えよう。今まで扱ってこなかった敬語は、その大半が『古文単語ゴロゴ』でゴロになっているものが多いので、単語の確認にもなるはずだ。

また、古文文法・虎の巻で扱ってきた敬語の「補助動詞」を一覧表にしてみた。こうした一覧表は、単独では無機質なので、いままでひとつひとつ勉強してきたものを思い出しながら、自分の手でまとめなおすと効果があがる。B4サイズくらいの紙に太いペンででっかく書いて壁に貼りだしてみるのもいいかも。

教え子の一人が、ガムテープの表面にマジックで古文文法や単語の意味を書いてお風呂場に貼り、入浴しながら暗記するという荒業をやり、見事に第一志望大学に合格した（ちなみに、「ガムテープは『布』を使うこと。でないとはがれにくくなりますよ」とのこと）。

覚えたつもりと、本当に覚えているのとはずいぶん違うもの。ましてや「入試でちゃんと得点できる」となるまでにはさらなる実力が必要だ。そしてそういう実力をつけるにはどうしたらいいのかの答えは、たったひとつしかない。それは繰り返し勉強すること、つまり「**習うより慣れよ**」、これだけだ。

この講を最後まで読んだら、最初に戻って再びスタートだ！　これが二度目の人は、三度目でまた会おう！

61 その他の重要な敬語をまとめて覚えよう！

通常語	敬語の種類	敬語	口語訳
言ふ	尊敬語	おほす のたまふ のたまはす	おっしゃる
言ふ	謙譲語	奏す	（天皇・上皇・法皇に）申し上げる
言ふ	謙譲語	啓す	（皇后・皇太后・皇太子などに）申し上げる
言ふ	謙譲語	申す 聞こゆ	申し上げる　※「聞こゆ」はＰ164参照。
寝《ぬ》	尊敬語	おほとのごもる	おやすみになる
聞く	尊敬語	聞こす 聞こしめす	お聞きになる　※Ｐ204参照。
聞く	謙譲語	うけたまはる	伺う・お聞きする ※「受く」の謙譲語で「いただく」、「引き受ける」の意の謙譲語で「お引き受け申し上げる」となる場合もある。

例文① 「なほ、内侍に、奏して（「言ふ」の尊）なさむ」となむさだめ給ひし（過去「き」体）。

訳 「やはり、帝に申し上げて内侍にしよう」と評定なさったよ。

※奏すとあれば「帝に申し上げる」と訳す習慣を付けよう！

例文② うへの（主格）おはしまして、おほとのごもり（「寝」の尊）たり（存続「たり」終）。

訳 帝がおいでになって、ご一緒にお休みになっている。

例文③ 御琴の音をだにうけたまはら（「聞く」の謙）で（接助）、久しくなり侍りにけり。

訳 お琴の音さえお聞かせいただかないで、久しくなってしまいました。

例文④ かしこき仰せごとをたびたびうけたまはり（「受く」の謙）ながら、

訳 （桐壺帝の）おそれ多いお言葉を何度もいただきながら、

62 敬語の補助動詞をまとめて覚えよう！

●ここまで勉強してきた敬語のうち、補助動詞をまとめて覚えてしまおう！

尊敬の補助動詞

たまふ（四段）
おはす
おはします
たぶ
います
＝
～なさる
お～になる

謙譲の補助動詞

たまふ（下二段）
奉る
まゐらす
聞こゆ
聞こえさす
つかまつる
申す
＝
～し申し上げる

丁寧の補助動詞

侍り
候ふ
＝
～です
～ます
～でございます
～ております

●右の表の大半を第三部の古文文法・虎の巻で扱ってきたので、この機会に是非もう一度復習してほしい。

◆品詞分解チェック

（前略）

すこし春ある心地こそすれ

とあるは、げにけふのけしきにいとようあひたるも、これが本はいかでかつく①**べから**②**む**、と思ひわづらひぬ。（中略）うへ③**の**④**おはしまし**て、⑤**おほとのごもり**たり。主殿司は、「とくとく」といふ。げに遅う⑥**さへ**あら⑦**む**は、いととりどころなければ、さはれ、とて、

空寒⑧**み**花にまがへて散る雪に

と、わななくわななく書きてとらせて、⑨**いかに**思ふ⑩**らむ**、とわびし。これがことを聞かばや、と思ふに、そしられ⑪**たら**⑫**ば**聞か⑬**じ**、とおぼゆるを、「俊賢の宰相など、『なほ、内侍に、⑭**奏し**てなさむ』と⑮**なむ**さだめ給ひ⑯**し**」とばかりぞ、左兵衛の督⑰**の**、中将に⑱**おはせ**し、語り⑲**給ひ**し。

①適当「べし」（未）
②推量「む」（終）
③格助（主格）
④尊敬
⑤尊敬
⑥副助（添加）
⑦仮定「む」（体）
⑧接尾語（原因理由）
⑨副詞（疑問）
⑩現在推量「らむ」（体）（「いかに」の結び）
⑪完了「たり」（未）
⑫接助（仮定条件）
⑬打消意志「じ」（終）
⑭謙譲
⑮係助（強意）
⑯過去「き」（体）（結び）
⑰格助（同格）
⑱尊敬
⑲補動・尊敬

●重要単語 索引